Y.5516
4
Réserve

Y.3976
15

Nf 3142

LES
ŒUVRES
DE MONSIEUR
DE MOLIERE.
TOME IV.

A PARIS,
Chez CLAUDE BARBIN, au Palais,
sur le second Perron de la S. Chapelle.

M. DC. LXXIII.
AVEC PRIVILEGE DV ROY.

PIECES CONTENVES
en ce Quatriéme Tome.

LE SICILIEN.

L'AMPHYTRION.

LE MARIAGE FORCE'.

LE SICILIEN, OV L'AMOVR PEINTRE,

COMEDIE.
PAR I. B. P. DE MOLIERE.

A PARIS,
Chez IEAN RIBOV, au Palais, vis
à vis la Porte de la S. Chapelle,
à l'Image S. Louis.

M. DC. LXVIII.
AVEC PRIVILEGE DV ROY.

ACTEVRS.

ADRASTE, Gentilhomme François, Amant d'Isidore.

D. PEDRE, Sicilien, Amant d'Isidore.

ISIDORE, Grecque, Esclaue de D. Pedre.

CLIMENE, Sœur d'Adraste.

HALI, Valet d'Adraste.

LE SENATEVR.

LES MVSICIENS.

TROVPE D'ESCLAVES.

TROVPE DE MAVRES.

DEVX LACQVAIS.

LE SICILIEN,

OV L'AMOVR PEINTRE.

COMEDIE.

SCENE I.
HALI, MVSICIENS.

HALI *aux Musiciens*.

CHUT... N'auançez pas dauantage, & demeurez dans cet endroit, jusqu'à ce que ie

LE SICILIEN,

vous appelle. Il fait noir comme dans vn Four; Le Ciel s'eſt habillé, ce ſoir, en Scaramouche; & ie ne vois pas vne Etoile qui montre le bout de ſon nez. Sotte condition que celle d'vn Eſclaue! de ne viure iamais pour ſoy, & d'eſtre, toûjours, tout entier aux paſſions d'vn Maiſtre! de n'eſtre réglé que par ſes humeurs, & de ſe voir redüit à faire ſes propres affaires de tous les ſoucis qu'il peut prendre! Le mien me fait, icy, épouſer ſes inquiétudes; & parce qu'il eſt Amoureux, il faut que nuit, & jour, ie

COMEDIE.

n'aye aucun repos. Mais voicy des Flambeaux, &, sans doute, c'est luy.

SCENE II.

ADRASTE, *& deux Laquais*,
HALI.

ADRASTE.
Est-ce toy, Hali?

HALI.
Et qui pourroit-ce estre que moy? A ces heures de nuit, hors vous, & moy, Monsieur, ie ne croy pas que Personne s'avise de courir, maintenant, les Ruës.

A ij

LE SICILIEN,
ADRASTE.

Auſſi ne croy-je pas qu'on puiſſe voir Perſonne qui ſente, dans ſon cœur, la peine que ie ſens: car, enfin, ce n'eſt rien d'auoir à combatre l'indiference, ou les rigueurs d'vne Beauté qu'on aime; on a, toûjours, au moins, le plaiſir de la Plainte, & la liberté des Soûpirs. Mais ne pouuoir trouuer aucune occaſion de parler à ce qu'on adore; ne pouuoir ſçauoir d'vne Belle, ſi l'amour qu'inſpire ſes yeux, eſt pour luy plaire, ou luy déplaire; c'eſt la plus fâcheuſe, à mon gré, de toutes les inquiétudes; & c'est où me reduit l'incommode Ialoux, qui veille, auec tant de soucy, sur ma charmante Grecque; & ne fait pas vn pas sans la traîner à ses côtez.

HALI.

Mais il est, en Amour, plusieurs façons de se parler; & il me semble, à moy, que vos yeux, & les siens, depuis pres de deux mois, se sont dit bien des choses.

ADRASTE.

Il est vray qu'elle, & moy, souuent, nous nous sommes parlé des yeux: Mais comment reconnoistre que cha-

A iij

cun, de noſtre côté, nous
ayons, comme il faut, ex-
pliqué ce langage? Et que
ſçais-je, apres tout, ſi elle
entend bien tout ce que mes
regards luy diſent? & ſi les
ſiens me diſent ce que ie
croy, par fois, entendre?

HALI.

Il faut chercher quelque
moyen de ſe parler d'autre
maniere.

ADRASTE.

As-tu là tes Muſiciens?

HALI.

Oüy.

ADRASTE.

Fay les approcher. Ie
veux, juſques au jour, les

COMEDIE.

faire, icy, chanter; & voir si leur Musique n'obligera point cette Belle à paroistre à quelque Fenestre.

HALI.

Les voicy. Que chanteront-ils?

ADRASTE.

Ce qu'ils jugeront de meilleur.

HALI.

Il faut qu'ils chantent vn Trio qu'ils me chanterent l'autre jour.

ADRASTE.

Non, ce n'est pas ce qu'il me faut. HALI.

Ah! Monsieur, c'est du beau Beccare.

ADRASTE.

Que diantre veux-tu dire auec ton beau Beccare ?

HALI.

Monsieur, ie tiens pour le Beccare : Vous sçauez que ie m'y connois. Le Beccare me charme : Hors du Beccare, point de salut en Harmonie. Ecoutez vn peu ce Trio.

ADRASTE.

Non, ie veux quelque chose de tendre & de passionné ; quelque chose qui m'entretienne dans vne douce réverie.

HALI.

Ie voy bien que vous estes pour le Bémol : mais il y a

COMEDIE. 9

moyen de nous contenter l'vn l'autre. Il faut qu'ils vous chantent vne certaine Scene d'vne petite Comedie que ie leur ay veu essayer. Ce sont deux Bergers amoureux, tous remplis de langueur, qui sur Bémol, viennent, separément, faire leurs Plaintes dans vn Bois; puis se découurent l'vn à l'autre, la crüauté de leurs Maîtresses; &, là-dessus, vient vn Berger joyeux, auec vn Beccare admirable, qui se moque de leur foiblesse.

ADRASTE.

I'y consens. Voyons ce que c'est.

LE SICILIEN,

HALI.

Voicy, tout juste, vn Lieu propre à seruir de Scene; & voila deux Flambeaux pour éclairer la Comedie.

ADRASTE.

Place-toy contre ce Logis, afin qu'au moindre bruit que l'on fera dedans, ie fasse cacher les Lumieres.

COMEDIE.

SCENE III.

Chantée par trois Musiciens.

1. MVSICIEN.

SI du triste recit de mon inquiétude,
Je trouble le repos de vostre Solitude,
  Rochers, ne soyez point fâchez;
Quand vous sçaurez l'excés de mes peines se-
 Tout Rochers que vous estes, (crettes,
  Vous en serez touchez.

2. MVSICIEN.

Les Oyseaux réjoüis, dés que le jour s'auance,
Recōmancent leurs chāts dans ces vastes Forests;
  Et moy i'y recommance
Mes soûpirs languissans, & mes tristes regrets.
  Ah! mon cher Philene.

1. MVSICIEN.

  Ah! mon cher Tirsis.

A vj

LE SICILIEN,

2. MVSICIEN.

Que ie sens de peine!

1. MVSICIEN.

Que i'ay de soucis!

2. MVSICIEN.

Toûjours sourde à mes vœux est l'ingrate Climene.

1. MVSICIEN.

Cloris n'a point, pour moy, de regards adoucis.

TOVS DEVX.

O Loy trop inhumaine!
Amour, si tu ne peux les contraindre d'aimer,
Pourquoy leur laisses-tu le pouuoir de charmer?

3. MVSICIEN.

Pauures Amans, quelle erreur
D'adorer des Inhumaines?
Iamais les Ames bien saines
Ne se payent de rigueur;
Et les Faueurs, sont les chaînes
Qui doiuent lier vn Cœur.

COMEDIE.

On voit cent Belles icy,
Aupres de qui ie m'empresse,
A leur voüer ma tendresse,
Ie mets mon plus doux soucy;
Mais lors que l'on est Tygresse,
Ma foy, ie suis Tygre auβy.

1. & 2. MVSICIEN.

Heureux, helas! qui peut aimer ainsy.

HALI.
Monsieur, ie viens d'oüir quelque brüit au dedans.

ADRASTE.
Qu'on se retire viste, & qu'on éteigne les Flambeaux.

SCENE IV.

D. PEDRE, ADRASTE, HALI.

D. PEDRE *sortant en Bonnet de nuit, & Robe de Chambre, auec vne Epée sous son bras.*

IL y a quelque temps que i'entens chanter à ma Porte; &, sans doute, cela ne se fait pas pour rien. Il faut que, dans l'obscurité, ie tâche à découurir quelles Gens se peuuent estre.

ADRASTE.

Hali?

COMEDIE. 15
HALI.
Quoy?
ADRASTE.
N'entens-tu plus rien?
HALI.
Non. *D. Pedre est derriere eux, qui les écoute.*
ADRASTE.
Quoy! tous nos efforts ne pourront obtenir que ie parle vn moment à cette aimable Grecque? Et ce Ialoux maudit, ce traître de Sicilien, me fermera, toûjours, tout accés auprés d'elle?
HALI.
Ie voudrois, de bon cœur, que le Diable l'eut emporté,

pour la fatigue qu'il nous donne; le Fâcheux, le Bourreau qu'il est. Ah! si nous le tenions icy, que ie prendrois de joye à vanger sur son dos, tous les pas inutiles que sa jalousie nous fait faire!

ADRASTE.

Si faut-il bien, pourtant, trouuer quelque moyen, quelque inuention, quelque ruse, pour attraper nostre Brutal; i'y suis trop engagé, pour en auoir le démenty; & quand i'y deurois employer....

HALI.

Monsieur, ie ne sçay pas

COMEDIE. 17

ce que cela veut dire. Mais la Porte est ouuerte ; &, si vous le voulez, i'entreray doucement, pour découurir d'où cela vient. *D. Pedre se retire sur sa Porte.*

ADRASTE.

Oüy, fais, mais sans faire de brüit ; ie ne m'éloigne pas de toy. Plût au Ciel, que ce fut la charmande Isidore!

D. PEDRE *luy donnant sur la iouë.*

Qui va là ?

HALI *luy en faisant de mesme.*

Amy.

D. PEDRE.

Hola, Francisque, Dominique, Simon, Martin, Pierre, Thomas, Georges, Charles, Barthelemy; allons, promptement, mon Epée, ma Rondache, ma Halebarde; mes Piſtolets, mes Mouſquetons, mes Fuzils; viſte, dépeſchez; allons, tuë, point de quartier.

SCENE V.
ADRASTE, HALI.

ADRASTE.

JE n'entens remüer Personne. Hali? Hali?
HALI *caché dans un coin.*
Monsieur.
ADRASTE.
Où, donc, te caches-tu?
HALI.
Ces Gens sont-ils sortis?
ADRASTE.
Non, Personne ne bouge.

LE SICILIEN,

HALI *en sortant d'où il estoit caché.*

S'ils viennent, ils seront frottez.

ADRASTE.

Quoy! tous nos soins seront, donc, inutiles? &, toûjours, ce fâcheux Ialoux se moquera de nos desseins?

HALI.

Non, le courroux du Point d'Honneur me prend; Il ne sera pas dit qu'on triomphe de mon adresse; ma qualité de Fourbe s'indigne de tous ces obstacles; & ie prétens faire éclater les talens que i'ay eüs du Ciel.

COMEDIE.
ADRASTE.
Ie voudrois, seulement, que par quelque moyen, par vn Billet, par quelque Bouche, elle fut auertie des sentimens qu'on a pour elle, & sçauoir les siens là dessus. Apres on peut trouuer facilement, les moyens.

HALI.
Laissez-moy faire seulement ; i'en essayeray tant de toutes les maniéres, que quelque chose, enfin, nous pourra reüssir. Allons, le jour paroist ; ie vais chercher mes Gens, & venir attendre, en ce Lieu, que nôtre Ialoux sorte.

SCENE VI.

D. PEDRE, ISIDORE.

ISIDORE.

JE ne sçay pas quel plaisir vous prenez à me réveiller si matin; cela s'ajuste assez mal, ce me semble, au dessein que vous auez pris de me faire peindre aujourd'huy; & ce n'est guéres pour auoir le teint frais, & les yeux brillans, que se leuer ainsi dés la pointe du jour.

COMEDIE.

D. PEDRE.
I'ay vne Affaire qui m'oblige à fortir à l'heure qu'il eft.

ISIDORE.
Mais l'Affaire que vous auez, euft bien pû fe paffer, ie croy, de ma prefence ; & vous pouuiez, fans vous incommoder, me laiffer goûter les douceurs du Sommeil du matin.

D. PEDRE.
Oüy ; mais ie fuis bien aife de vous voir, toûjours, auec moy. Il n'eft pas mal de s'affurer, vn peu, contre les foins des Surveillans; & cette nuit, encore, on eft

venu chanter fous nos Fe-
neſtres.

ISIDORE.

Il eſt vray, la Muſique en eſtoit admirable.

D. PEDRE.

C'eſtoit pour vous que cela ſe faiſoit?

ISIDORE.

Ie le veux croire ainſi, puis que vous me le dites.

D. PEDRE.

Vous ſçauez qui eſtoit celuy qui donnoit cette Serenade?

ISIDORE.

Non pas; mais qui que ce puiſſe eſtre, ie luy ſuis obligée.

D. PEDRE.

COMEDIE.
D. PEDRE.
Obligée!
ISIDORE.
Sans doute, puis qu'il cherche à me diuertir.
D. PEDRE.
Vous trouuez, donc, bon qu'on vous aime?
ISIDORE.
Fort bon; cela n'est iamais qu'obligeant.
D. PEDRE.
Et vous voulez du bien à tous ceux qui prennent ce soin ? ISIDORE.
Assurément.
D. PEDRE.
C'est dire fort net ses pensées.

B

LE SICILIEN,

ISIDORE.

A quoy bon de diſſimuler? Quelque mine qu'on faſſe, on eſt, toûjours, bien aiſe d'eſtre aimée : ces hommages à nos appas, ne ſont, iamais, pour nous déplaire. Quoy qu'on en puiſſe dire, la grande ambition des Femmes eſt, croyez-moy, d'inſpirer de l'amour. Tous les ſoins qu'elles prenent, ne ſont que pour cela ; & l'on n'en voit point de ſi fiére, qui ne s'aplaudiſſe, en ſon cœur, des Conqueſtes que font ſes yeux.

D. PEDRE.

Mais ſi vous prenez, vous,

du plaisir, à vous voir aimée; sçauez-vous bien, moy qui vous aime, que ie n'y en prens nullement?

ISIDORE.

Ie ne sçay pas pourquoy cela ; & si i'aimois quelqu'vn, ie n'aurois point de plus grand plaisir, que de le voir aimé de tout le Monde. Y a-t'il rien qui marque, dauantage, la beauté du chois que l'on fait? & n'est-ce pas pour s'aplaudir, que ce que nous aimons, soit trouué fort aimable?

D. PEDRE.

Chacun aime à sa guise, & ce n'est pas là ma méthode.

Ie seray fort rauy qu'on ne vous trouue point si belle; & vous m'obligerez, de n'afecter point tant de la paroistre à d'autres yeux.

ISIDORE.

Quoy! jalous de ces choses là?

D. PEDRE.

Oüy, jalous de ces choses là; mais jalous comme vn Tygre, &, si voulez, comme vn Diable. Mon amour vous veut toute à moy; sa délicatesse s'offense d'vn soûris, d'vn regard qu'on vous peut arracher; & tous les soins qu'on me voit prendre, ne sont que pour fermer tout

COMEDIE.

accés aux Galans, & m'asseurer la possession d'vn cœur dont ie ne puis souffrir qu'on me vole la moindre chose.

ISIDORE.

Certes, voulez-vous que ie dise ? vous prenez vn mauuais party ; & la possession d'vn cœur est fort mal asseurée, lors qu'on prétend le retenir par force. Pour moy, ie vous l'auouë, si i'estois Galant d'vne Femme qui fût au pouuoir de quelqu'vn, ie mettrois toute mon étude à rendre ce quelqu'vn jalous, & l'obliger à veiller, nüit, & jour, celle que ie voudrois gagner. C'est vn admirable moyen d'auancer ses affaires: & l'on ne tarde guéres, à profiter du chagrin, & de la colere que donne à l'esprit d'vne Femme, la contrainte, & la seruitude.

D. PEDRE.

Si bien, donc, que si quelqu'vn vous en contoit, il vous trouueroit disposée à receuoir ses vœux?

ISIDORE.

Ie ne vous dis rien là-dessus. Mais les Femmes, enfin, n'aiment pas qu'on les gesne; & c'est beaucoup risquer, que de leur montrer des soupçons, & de les tenir renfermées.

COMEDIE.
D. PEDRE.

Vous reconnoissez peu ce que vous me deuez: & il me semble qu'vne Esclaue que l'on a affranchie, & dont on veut faire sa Femme....

ISIDORE.

Quelle obligation vous ay-je, si vous changez mon Esclauage en vn autre beaucoup plus rude? si vous ne me laissez joüir d'aucune liberté, & me fatiguez, comme on voit, d'vne garde continüelle?

D. PEDRE.

Mais tout cela ne part que d'vn excés d'amour.

LE SICILIEN,

ISIDORE.

Si c'eſt voſtre façon d'aimer, ie vous prie de me haïr.

D. PEDRE.

Vous eſtes, aujourd'huy, dans vne humeur deſobligeante ; & ie pardonne ces paroles au chagrin où vous pouuez eſtre, de vous eſtre leuée matin.

SCENE VII.

D. PEDRE, HALI, ISIDORE.

Hali, faisant plusieurs réuérences à D. Pedre.

D. PEDRE.

TRéue aux ceremonies, que voulez-vous ?

HALI.

Il se retourne deuers Isidore, à chaque parole qu'il dit à D. Pedre: & luy fait des signes pour luy faire connoistre le dessein de son Maistre.

Signor (auec la permission de la Signore) ie vous

diray (auec la permiſſion de la Signore) que ie viens vous trouuer (auec la permiſſion de la Signore) pour vous prier (auec la permiſſion de la Signore) de vouloir bien (auec la permiſſion de la Signore)....

D. PEDRE.
Auec la permiſſion de la Signore, paſſez vn peu de ce coſté.

HALI.
Signor, ie ſuis vn Virtuoſe.

D. PEDRE.
Ie n'ay rien à donner.

HALI.
Ce n'eſt pas ce que ie demande. Mais comme ie me

mesle un peu de Musique, & de Danse, i'ay instruit quelques Esclaues qui voudroiét bien trouuer un Maistre qui se plût à ces choses; & comme ie sçay que vous estes une Personne considérable, ie voudrois vous prier de les voir, & de les entendre, pour les acheter, s'ils vous plaisent, ou pour leur enseigner quelqu'un de vos Amis qui voulût s'en accommoder.

ISIDORE.

C'est une chose à voir, & cela nous diuertira. Faites-les nous venir.

HALI.

Chala bala.... Voicy une

LE SICILIEN,
Chanſon nouuelle, qui eſt du temps. Ecoutez bien, Chala bala.

SCENE VIII.

Hali chante dans cette Scene: & les Eſclaues danſent dans les interuales de ſon chant.

HALI, & quatre Eſclaues, ISIDORE, D. PEDRE.

HALI chante.

D'vn Cœur ardant en tous lieux,
Vn Amant ſuit vne Belle;
Mais d'vn Ialous odieux,
La vigilance eternelle,
Fait qu'il ne peut que des yeux
S'entretenir auec elle.
Eſt-il peine plus cruelle
Pour vn Cœur bien amoureux?

COMEDIE.

    Chiribirida ouch alla,
Starbon Turca,
Non auer danara
Ti voler comprara,
Mi feruir à ti,
Se pagar per mi,
Far bona accina,
Mi leuar matina,
Far boler cadara,
Parlara, parlara,
Ti voler comprara.

C'eſt vn ſuplice à tous coups,
Sous qui cet Amant expire:
Mais ſi d'vn œil vn peu doux,
La Belle voit ſon martyre,
Et conſent qu'aux yeux de tous,
Pour ſes attraits il ſoûpire,
Il pourroit bientoſt ſe rire
De tous les ſoins du Ialous.

    Chiribirida ouch alla,
Starbon Turca,
Non auer danara
Ti voler comprara,
Mi feruir à ti,
Se pagar per mi,
Far bona accina,
Mi leuar matina,
Far boler cadara,
Parlara, parlara,
Ti voler comprara.

D. PEDRE.

Sçavez-vous, mes Drôles,
Que cette Chanson
Sent, pour vos épaules,
Les coups de baston?

Chiribirida ouch alla,
Mi ti non comprara,
Ma ti bastonnara,
Si, si, non andara,
Andara, andara,
O ti bastonnara.

Oh, oh, quels Egrillards! Allons, rentrons icy, i'ay changé de pensée, & puis le temps se couure vn peu.

A Hali qui parêt encor là.
Ah! Fourbe, que ie vous y trouue.   HALI.

Hé bien oüy, mon Maistre l'adore; il n'a point de plus grand desir que de luy mon-

COMEDIE.

trer son amour; & si elle y consent, il la prendra pour Femme.

D. PEDRE.
Oüy, oüy, ie la luy garde.

HALI.
Nous l'aurons, malgré vous.

D. PEDRE.
Comment, Coquin....

HALI.
Nous l'aurons, dis-je, en dépit de vos dents.

D. PEDRE.
Si ie prens....

HALI.
Vous auez beau faire la garde, i'en ay juré, elle sera à nous.

LE SICILIEN,

D. PEDRE.

Laisse-moy faire, ie t'attraperay sans courir.

HALI.

C'est nous qui vous attraperons; elle sera nostre Femme, la chose est resoluë; il faut que i'y périsse, ou que i'en vienne à bout.

COMEDIE.

SCENE IX.
ADRASTE, HALI.
HALI.
MOnsieur, i'ay, déja, fait quelque petite tentatiue, mais ie....
ADRASTE.
Ne te mets point en peine, i'ay trouué, par hazard, tout ce que ie voulois: & ie vais joüir du bonheur de voir, chez elle, cette Belle. Ie me suis rencontré chez le Peintre Damon, qui m'a dit, qu'aujourd'huy, il venoit faire le Portrait de cette adorable

Personne : & comme il est, depuis longtemps, de mes plus intimes Amis, il a voulu seruir mes feux, & m'enuoye à sa place, auec vn petit mot de Lettre, pour me faire accepter. Tu sçais que, de tout temps, ie me suis plû à la Peintures, & que, par fois, ie manië le Pinceau, contre la coûtume de France, qui ne veut pas qu'vn Gentil-homme sçache rien faire : ainsi, i'auray la liberté de voir cette Belle à mon aise. Mais ie ne doute pas que mon Ialous fâcheux ne soit, toûjours, present, & n'empesche tous les propos que

nous pourrions auoir en-
semble : &, pour te dire
vray, i'ay, par le moyen
d'vne jeune Esclaue, vn
Stratagéme, pour tirer cette
belle Grecque des mains de
son Ialous, si ie puis obtenir d'elle, qu'elle y con-
sente.

HALI.
Laissez-moy faire, ie veux
vous faire vn peu de jour à la
pouuoir entretenir. Il ne
sera pas dit que ie ne serue
de rien dans cette Affaire-là.
Quand allez-vous ?

ADRASTE.
Tout de ce pas, & i'ay,
déja, preparé toutes choses.

HALI.

Ie vay, de mon cofté, me preparer auffy.

ADRASTE.

Ie ne veux point perdre de temps. Hola. Il me tarde que ie ne goûte le plaifir de la voir.

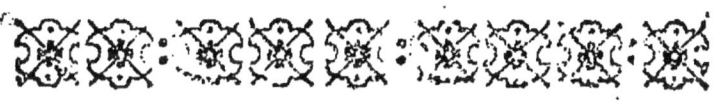

SCENE X.

D. PEDRE, ADRASTE.

D. PEDRE.

Que cherchez-vous, Caualier, dans cette Maifon?

COMEDIE.
ADRASTE.

I'y cherche le Seigneur D. Pedre.

D. PEDRE.

Vous l'auez deuant vous.

ADRASTE.

Il prendra, s'il luy plaist, la peine de lire cette Lettre.

D. PEDRE lit.

Ie vous enuoye, au lieu de moy, pour le Portrait que vous sçauez, ce Gentilhomme François, qui, comme curieux d'obliger les honnestes Gens, a bien voulu prendre ce soin, sur la proposition que ie luy en ay faite. Il est, sans contredit, le premier Homme du Monde pour ces sortes d'Ouurages; & i'ay

crû que ie ne pouuois rendre vn seruice plus agreable, que de vous
l'enuoyer, dans le dessein que vous
auez d'auoir vn Portrait acheué,
de la Personne que vous aimez.
Gardez-vous bien, sur tout, de
luy parler d'aucune récompense:
car c'est vn Homme qui s'en of-
fenseroit, & qui ne fait les choses
que pour la gloire, & pour la réputation.

D. PEDRE *parlant au François.*

Seigneur François, c'est
vne grande grace que vous
me voulez faire; & ie vous
suis fort obligé.

ADRASTE.

Toute mon ambition est
de rendre seruice aux Gens

COMEDIE. 47
e nom, & de merite.
D. PEDRE.
Ie vais faire venir la Personne dont il s'agît.

SCENE XI.
SIDORE, D. PEDRE, ADRASTE, *& deux Laquais.*

D. PEDRE.
Oicy vn Gentilhomme que Damon nous nuoye, qui se veut bien onner la peine de vous eindre. *Adraste baise Isidore, en la saluant: & Dom Pedre luy dit.* Hola, Seigneur François,

cette façon de salüer n'eſt point d'vſage en ce Païs.
ADRASTE.
C'eſt la maniére de France.
D. PEDRE.
La maniére de France eſt bonne pour vos Femmes; mais pour les noſtres, elle eſt, vn peu, trop familiére.
ISIDORE.
Ie reçois cet honneur auec beaucoup de joye; l'auanture me ſurprend fort; &, pour dire le vray, ie ne m'atendois pas d'auoir vn Peintre ſi illuſtre.
ADRASTE.
Il n'y a Perſonne, ſans doute, qui ne tinſt à beaucoup

COMEDIE. 49
coup de gloire, de toucher à vn tel Ouurage. Ie n'ay pas grande habileté ; mais le Sujet, icy, ne fournit que trop de luy mesme, & il y a moyen de faire quelque chose de beau sur vn Original fait comme celuy-là.

ISIDORE.

L'Original est peu de chose, mais l'adresse du Peintre en sçaura couurir les defauts.

ADRASTE.

Le Peintre n'y en voit aucun ; & tout ce qu'il souhaite, est d'en pouuoir representer les graces aux yeux de tout le Monde, aussi gran-

C

LE SICILIEN,
dés qu'il les peut voir.

ISIDORE.

Si voſtre Pinceau flate autant que voſtre Langue, vous allez me faire vn Portrait qui ne me reſſemblera pas.

ADRASTE.

Le Ciel, qui fit l'Original, nous oſte le moyen d'en faire vn Portrait qui puiſſe flater.

ISIDORE.

Le Ciel, quoy que vous en diſiez, ne....

D. PEDRE.

Finiſſons cela, de grace, laiſſons les complimens, & ſongeons au Portrait.

COMEDIE.
ADRASTE.
Allons, apportez tout.

On apporte tout ce qu'il faut, pour peindre Isidore.

ISIDORE.
Où voulez-vous que ie me place ?

ADRASTE.
Icy. Voicy le Lieu le plus auantageux, & qui reçoit le mieux les veuës fauorables de la Lumiere que nous cherchons.

ISIDORE.
Suis-je bien ainsy ?

ADRASTE.
Oüy. Leuez-vous vn peu, s'il vous plaift ; Vn peu plus de ce costé-là ; le Corps

C ij

LE SICILIEN,

tourné ainsy; la teste vn peu leuée, afin que la beauté du cou paroisse. Cecy vn peu plus découuert. *Il parle de sa gorge*; Bon. Là, vn peu dauantage; encore tant soit peu.

D. PEDRE.

Il y a bien de la peine à vous mettre; ne sçauriez-vous vous tenir comme il faut? ISIDORE.

Ce sont, icy, des choses toutes neufues pour moy; & c'est à Monsieur à me mettre de la façon qu'il veut.

ADRASTE.

Voila qui va le mieux du

COMEDIE.

Monde, & vous vous tenez à merueilles. *La faisant tourner vn peu deuers luy.* Comme cela, s'il vous plaist. Le tout dépend des latitudes qu'on donne aux Personnes qu'on peint.

D. PEDRE.
Fort bien.

ADRASTE.
Vn peu plus de ce costé; Vos yeux, toûjours, tournez vers moy, ie vous en prie; Vos regards attachez aux miens.

ISIDORE.
Ie ne suis pas comme ces Femmes qui veulent, en se faisant peindre, des Portraits

qui ne font point elles, & ne font point satisfaites du Peintre, s'il ne les fait, toûjours, plus belles que le Iour. Il faudroit, pour les contenter, ne faire qu'vn Portrait pour toutes; car, toutes, demandent les mesmes choses; vn teint tout de Lys & de Roses, vn nez bien fait, vne petite bouche, & de grands yeux vifs, bien fendus; &, sur tout, le visage pas plus gros que le poing, l'eussent-elles d'vn pied de large. Pour moy, ie vous demande vn Portrait qui soit moy, & qui n'oblige point à demander qui c'est.

ADRASTE.

Il seroit malaisé qu'on demandât cela du vostre; & vous auez des traits à qui fort peu d'autres ressemblent. Qu'ils ont de douceurs, & de charmes! & qu'on court de risque à les peindre!

D. PEDRE.

Le nez me semble, vn peu, trop gros.

ADRASTE.

I'ay leu, ie ne sçay où, qu'Apelle peignit, autretrefois, vne Maîtresse d'Alexandre; & qu'il en deuinst, la peignant, si éperdûment amoureux, qu'il fut prés d'en perdre la vie : de sorte qu'Alexandre, par generosité, luy ceda l'Objet de ses vœux. *Il parle à D. Pedre.* Ie pourrois faire, icy, ce qu'Apelle fit autrefois ; mais vous ne feriez pas, peut-estre, ce que fit Alexandre.

ISIDORE.

Tout cela sent la Nation ; &, toûjours, Messieurs les François ont vn fonds de Galanterie qui se répand par tout. ADRASTE.

On ne se trompe guére à ces sortes de choses ; vous auez l'Esprit trop éclairé, pour ne pas voir de quelle source partent le choses qu'on vous dit. Oüy, quand Alexandre seroit icy, & que ce seroit vostre Amat, ie ne pourrois m'empescher de vous dire, que ie n'ay rien veu de si beau que ce que ie vois maintenant, & que....

D. PEDRE.

Seigneur François, vous ne déuriez pas, ce me semble, parler; cela vous détourne de vostre Ouurage.

ADRASTE.

Ah! point du tout, i'ay, toûjours, de coûtume de parler quand ie peins; & il est besoin, dans ces choses, d'vn peu de conuersation, pour réueiller l'Esprit, &

tenir les Visages dans la gayeté necessaire aux Personnes que l'on veut peindre.

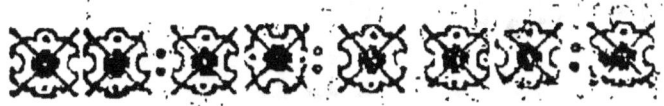

SCENE XII.

HALI *vestu en Espagnol*, D. PEDRE, ADRASTE ISIDORE.

D. PEDRE.

Qve veut cet Homm là? Et qui laisse mon ter les Gens, sans nous e venir avertir?

HALI.

J'entre, icy, librement mais, entre Caualiers, tell

COMEDIE.

liberté est permise. Seigneur, suis-je connu de vous?

D. PEDRE.
Non, Seigneur.

HALI.
Ie suis D. Gilles d'Aualos; & l'Histoire d'Espagne vous doit auoir instrüit de mon mérite.

D. PEDRE.
Souhaitez-vous quelque chose de moy?

HALI.
Oüy, vn conseil sur vn Fait d'honneur : Ie sçay qu'en ces matiéres il est malaisé de trouuer vn Caualier plus consommé que

vous ; mais ie vous demande pour grace, que nous nous tirions à l'écart.

D. PEDRE.
Nous voila assez loin.

ADRASTE *regardant Isidore.*
Elle a les yeux bleus.

HALI.
Seigneur, i'ay receu vn Soufflet : Vous sçauez ce qu'est vn Soufflet, lors qu'il se donne, à main ouuerte, sur le beau milieu de la jouë. I'ay ce Soufflet fort sur le cœur ; & ie suis dans l'incertitude, si pour me vanger de l'affront, ie dois me battre auec mon Homme ; ou bien, le faire assassiner.

COMEDIE. 61

D. PEDRE.

Assassiner, c'est le plus court chemin. Quel est vostre ennemy?

HALI.

Parlons bas, s'il vous plaist.

ADRASTE *aux genoux d'Isidore, pendant que D. Pedre parle à Hali.*

Oüy, charmante Isidore, mes regards vous le disent depuis plus de deux mois, & vous les auez entendus: Ie vous aime plus que tout ce que l'on peut aimer, & ie n'ay point d'autre pensée, d'autre but, d'autre passion, que d'estre à vous toute ma vie.

ISIDORE.

Ie ne sçay si vous dites vray, mais vous persüadez.

ADRASTE.

Mais vous persüaday-je, jusqu'à vous inspirer quelque peu de bonté pour moy?

ISIDORE.

Ie ne crains que d'en trop auoir.

ADRASTE.

En aurez-vous assez pour consentir, belle Isidore, au dessein que ie vous ay dit?

ISIDORE.

Ie ne puis, encor, vous le dire. ADRASTE.

Qu'attendez-vous pour cela?

COMEDIE.

ISIDORE.
A me refoudre.

ADRASTE.
Ah! quand on aime bien, on fe réfout bientoft.

ISIDORE.
Hé bien, allez, oüy, i'y onfens.

ADRASTE.
Mais, confentez-vous, dites moy, que ce foit dés ce moment mefme?

ISIDORE.
Lors qu'on eft, vne fois, réfolu fur la chofe, s'arrefte-t'on fur le temps?

D. PEDRE à *Hali*.
Voila mon fentiment, & ie vous baife les mains.

HALI.

Seigneur, quand vous aurez receu quelque Soufflet, ie suis Homme aussi de conseil, & ie pourray vous rendre la pareille.

D. PEDRE.

Ie vous laisse aller, sans vous reconduire : mais entre Caualiers, cette liberté est permise.

ADRASTE.

Non, il n'est rien qui puisse effacer de mon cœur les tendres témoignages....

D. Pedre apperceuant Adraste, qui parle de pres à Isidore.

Ie regardois ce petit trou qu'elle a au costé du men-

COMEDIE. 65

on : & ie croyois, d'abord,
ue ce fût vne tache. Mais
'eſt aſſez pour aujourd'huy,
ious finirons vne autre fois.

arlant à D. Pedre. Non, ne
egardez rien encore ; faites
errer cela, ie vous prie.

Iſidore. Et vous, ie vous
onjure de ne vous relâcher
oint : & de garder vn Eſprit
ay, pour le deſſein que i'ay
'acheuer noſtre Ouurage.

ISIDORE.

Ie conſerueray, pour cela,
oute la gayeté qu'il faut.

SCENE XIII.

D. PEDRE, ISIDORE.

ISIDORE.

QV'en dites-vous? Ce Gentilhomme me paroiſt le plus ciuil du Monde; & l'on doit demeurer d'accord, que les François ont quelque choſe, en eux, de poly, de galant, que n'ont point les autres Nations.

D. PEDRE.

Oüy; mais ils ont cela de mauuais, qu'ils s'émancipent vn peu trop, & s'attachent, en étourdis, à conter des fleurettes à tout ce qu'ils rencontrent.

ISIDORE.

C'est qu'ils sçauent qu'on plaist aux Dames par ces choses.

D. PEDRE.

Oüy, mais s'ils plaisent aux Dames, ils déplaisent fort aux Messieurs; & l'on n'est point bien aise de voir sur sa moustache, cajoler, hardiment, sa Femme, ou sa Maîtresse.

ISIDORE.

Ce qu'ils en font, n'est que par jeu.

SCENE XIV.

CLIMENE, D. PEDRE, ISIDORE.

CLIMENE *voilée*.

AH! Seigneur Caualier, sauuez-moy, s'il vous plaist, des mains d'vn Mary furieux dont ie suis poursuiuie. Sa jalousie est incroyable, & passe dans ses mouuemens tout ce qu'on peut imaginer. Il va jusques à vouloir que ie sois, toûjours, voilée; & pour m'auoir trouuée le visage vn peu découuert, il a mis l'é-

COMEDIE.

pée à la main, & m'a redüite à me jetter chez vous, pour vous demander voſtre apüy contre ſon injuſtice. Mais ie le voy paroiſtre. De grace, Seigneur Caualier, ſauuez-moy de ſa fureur.

D. PEDRE.

Entrez là-dedans, auec elle, & n'apréhendez rien.

SCENE XV.

ADRASTE, D. PEDRE.

D. PEDRE.

HE' quoy! Seigneur, c'eſt vous! Tant de jalouſie pour vn François!

ie pensois qu'il n'y eût que nous, qui en fussions capables.

ADRASTE.

Les François excellent, toûjours, dans toutes les choses qu'ils font; & quand nous nous mêlons d'estre jalous, nous le sommes vingt fois plus qu'vn Sicilien. L'Infame, croit auoir trouué, chez vous, vn assûré refuge : mais vous estes trop raisonnable, pour blâmer mon ressentiment. Laissez-moy, ie vous prie, la traitter comme elle merite.

D. PEDRE.

Ah! de grace, arrestez;

COMEDIE.

'offense est trop petite, pour
n courroux si grand.
ADRASTE.
La grandeur d'vne telle
ffense, n'est pas dans l'im-
ortance des choses que l'on
ait. Elle est à transgresser les
rdres qu'on nous donne;
sur de pareilles matiéres,
ce qui n'est qu'vne baga-
telle, deuient fort criminel,
ors qu'il est defendu.
D. PEDRE.
De la façon qu'elle a parlé,
tout ce qu'elle en a fait, a esté
sans dessein ; & ie vous prie,
enfin, de vous remettre bien
ensemble.

LE SICILIEN,
ADRASTE.

Hé quoy! vous prenez son party, vous qui estes si délicat sur ces sortes de choses!

D. PEDRE.

Oüy, ie prens son party; & si vous voulez m'obliger, vous oublierez vostre colere, & vous vous reconciliërez tous deux. C'est vne grace que ie vous demande: & ie la receuray comme vn essay de l'amitié que ie veux qui soit entre nous.

ADRASTE.

Il ne m'est pas permis, à ces conditions, de vous rien refuser ; ie feray ce que vous voudrez.

COMEDIE.

SCENE XVI.

CLIMENE, ADRASTE, DOM PEDRE.

D. PEDRE.

HOla, venez; Vous n'auez qu'à me fuiure, & i'ay fait voſtre paix. Vous ne pouuiez, iamais, mieux tomber que chez moy.

CLIMENE.

Ie vous fuis obligée plus qu'on ne ſçauroit croire: mais ie m'en vais prendre mon Voile; ie n'ay garde,

LE SICILIEN,

sans luy, de paroistre à ses yeux.

D. PEDRE.

La voicy qui s'en va venir; & son ame, ie vous assure, a paru toute réjoüye, lors que ie luy ay dit que i'auois racommodé tout.

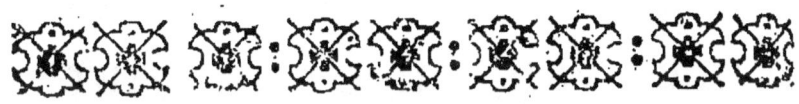

SCENE XVII.

ISIDORE *sous le Voile de Climene*, **ADRASTE, DOM PEDRE.**

D. PEDRE.

Puis que vous m'auez bien voulu donner vostre ressentiment, trouuez

COMEDIE.

bon qu'en ce lieu ie vous fasse toucher dans la main l'vn de l'autre; & que tous deux ie vous conjure de viure, pour l'amour de moy, dans vne parfaite vnion.

ADRASTE.

Oüy, ie vous le promets, que, pour l'amour de vous, ie m'en vais, auec elle, viure le mieux du monde.

D. PEDRE.

Vous m'obligez sensiblement, & i'en garderay la memoire.

ADRASTE.

Ie vous donne ma parole, Seigneur Dom Pedre, qu'à vostre consideration ie

D ij

76 LE SICILIEN,
m'en vay la traiter du mieux qu'il me sera possible.

D. PEDRE.

C'est trop de grace que vous me faites: Il est bon de pacifier & d'adoucir, toûjours, les choses. Hola, Isidore, venez.

SCENE XVIII.

CLIMENE, D. PEDRE.

D. PEDRE.

COmment! que veut dire cela?

CLIMENE *sans Voile*.

Ce que cela veut dire ? Qu'vn Ialoux est vn Monſtre hay de tout le Monde; & qu'il n'y a Personne qui ne soit rauy de luy nuire, n'y eut-il point d'autre intereſt : Que toutes les Serrures & les Verroux du Monde, ne retiennent point les Personnes; & que c'eſt le cœur qu'il faut arreſter par la douceur & par la complaiſance : Qu' Iſidore eſt entre les mains du Caualier qu'elle aime, & que vous eſtes pris pour Dupe.

D. PEDRE.

Dom Pedre ſouffrira cette injure mortelle! Non, non, j'ay trop de cœur, & ie vais demander l'appüy de la

Iustice, pour pousser le Perfide à bout. C'est, icy, le Logis d'vn Senateur. Hola?

SCENE XIX.

LE SENATEVR, D. PEDRE.

LE SENATEVR.

SEruiteur, Seigneur Dom Pedre. Que vous venez à propos!

D. PEDRE.

Ie viens me plaindre à vous d'vn affront qu'on m'a fait.

LE SENATEVR.

I'ay fait vne Mascarade la plus belle du Monde.

COMEDIE.
D. PEDRE.

Vn traître de François m'a joüé vne Piece.

LE SENATEVR.

Vous n'auez, dans voftre vie, iamais rien veu de fi beau.

D. PEDRE.

Il m'a enleué vne Fille que i'auois affranchie.

LE SENATEVR.

Ce font Gens vêtus en Maures, qui danfent admirablement.

D. PEDRE.

Vous voyez fi c'eft vne injure qui fe doiue fouffrir.

LE SENATEVR.

Les Habits merueilleux,

80 LE SICILIEN,
& qui sont faits exprés.

D. PEDRE.

Ie vous demande l'appüy de la Iustice contre cette action.

LE SENATEVR.

Ie veux que vous voyez cela ; on la va répéter pour en donner le diuertissement au Peuple.

D. PEDRE.

Comment ! de quoy parlez vous là ?

LE SENATEVR.

Ie parle de ma Mascarade.

D. PEDRE.

Ie vous parle de mon Affaire.

COMEDIE. 81
LE SENATEVR.

Ie ne veux point, aujourd'huy, d'autres affaires que de plaisir. Allons, Messieurs, venez; voyons si cela ira bien.

D. PEDRE.

La peste soit du Fou, auec sa Mascarade.

LE SENATEVR.

Diantre soit le Fâcheux, auecque son Affaire.

SCENE DERNIERE.

Plusieurs Maures font une Danse entr'eux, par où finit la Comedie.

FIN.

PRIVILEGE DV ROY.

LOVIS par la Grace de Dieu, Roy de France & de Nauarre: A nos amez & feaux Conseillers les Gens tenans nos Cours de Parlement, Maistres des Requestes ordinaires de nostre Hostel, Baillifs, Seneschaux, leurs Lieutenans, & tous autres nos Iusticiers & Officiers qu'il appartiendra, Salut. I. B. POC-QVELIN DE MOLIERE, Comedien de la Troupe de nostre trescher & tres-amé Frere Vnique le Duc d'Orleans, Nous a fait exposer, qu'il auroit depuis peu composé pour nostre diuertissement, vne Piece de Theatre qui est intitulée LE SICILIEN, belle & tres-agreable, laquelle il desiferoit faire imprimer : Mais comme il feroit arriué qu'en ayant cy-deuant compofé quelques autres, aucunes d'icelles auroient efté prifes & tranfcrites par des Particuliers, qui les ont fait imprimer, vendre & debiter, en vertu des Lettres de Priuilege qu'ils auroient furprifes en noftre grande Chancelerie, à fon prejudice & dommage, pour raifon dequoy il y a eu Inftance en noftre Confeil jugée à l'encontre d'vn Libraire, en faueur de l'Expofant, lequel craignant que celle-cy ne luy foit pareillement prife, & que par ce moyen il ne foit priué du fruit qu'il en peut retirer, Nous auroit requis luy accorder nos Lettres, auec les defenfes fur ce neceffaires. A CES CAVSES, defirans fauorablement traiter l'Expofant, Nous luy auons permis & permettons par ces Presentes, de faire imprimer ladite Piece par tel des Imprimeurs par Nous reseruez que bon luy semblera, & icelle vendre & debiter en tous les Lieux de nostre Royaume qu'il desirera, durant l'espace de cinq années, à commencer du jour qu'elle sera acheuée d'imprimer pour la premiere fois, à condition qu'il en sera mis deux Exemplaires en nostre Bibliotheque publique, vn en celle de nostre Cabinet du Chasteau du Louure, & vn en celle de nostre tres-cher & feal Cheualier, Chancelier de France, le Sieur SEGVIER, auant que de l'exposer en vente, à peine de nullité des Presentes : Pendant lequel temps faisons defenses à toutes Personnes, de quelque qualité & condition qu'elles soient, de l'imprimer, ny faire imprimer, vendre, ny debiter, en aucun Lieu de noſtre obeïſſance, ſous quelque pretexte que ce ſoit, ſans le conſentement de l'Expoſant, ou de ceux ayans droict de luy, à peine de confiſcation des Exemplaires, quinze cens liures d'amende, appliquable vn tiers à l'Hoſpital General, vn tiers au dénonciateur, & l'autre tiers audit Expoſant, & de tous deſpens, dommages & intereſts. Voulons en outre, qu'en mettant vn Extrait des Preſentes au commencement ou à la fin de chacun Exemplaire, comme auſſi qu'aux Copies des Preſentes collationnées par l'vn de nos amez & feaux Secretaires, foy ſoit adjoûtée comme à l'Original. Commandons au premier noſtre Huiſſier ou Sergent sur ce requis, faire pour l'execution des Presentes, tous Exploits necessaires, sans pour ce demander autre permission : CAR TEL EST NOSTRE PLAISIR. Donné à Paris le dernier jour d'Octobre, l'an de grace mil six cens soixante sept, Et de nostre Regne le vingt-cinquiéme. Signé, Par le Roy en son Conseil, TRVCHOT. Et scellé.

Regiftré sur le Liure de la Communauté, suiuant l'Arrest de la Cour de Parlement.

Ledit Sieur DE MOLIERE a cedé & transporté son droict de Priuilege à IEAN RIBOV Marchand Libraire à Paris, pour en joüir le temps porté par iceluy, suiuant l'accord fait entr'eux.

Acheué d'imprimer pour la premiere fois le 9. Novembre 1667.

AMPHITRYON,

COMEDIE.

PAR I.B.P. DE MOLIERE.

A PARIS,
Chez IEAN RIBOV, au Palais, vis à vis
la Porte de l'Eglise de la Sainte Chapelle,
à l'Image Saint Louis.

M. DC. LXVIII.
AVEC PRIVILEGE DV ROY.

A SON ALTESSE
SERENISSIME
MONSEIGNEVR
LE PRINCE.

ONSEIGNEVR,

N'en déplaise à nos beaux Esprits, ie ne vois rien de plus ennuyeux que les Epistres Dédicatoires; & VOSTRE ALTESSE SERENISSIME *trouuera bon, s'il luy plaist, que ie ne suiue point icy le style de ces Messieurs là;* & *refuse de me seruir*

ã ij

EPISTRE.

de deux, ou trois miserables pensées, qui ont esté tournées, & retournées tant de fois, qu'elles sont usées de tous les côtez. Le Nom du Grand CONDE' est un Nom trop glorieux, pour le traiter comme on fait tous les autres Noms. Il ne faut l'apliquer, ce Nom illustre, qu'à des Emplois qui soient dignes de luy; & pour dire de belles choses, ie voudrois parler de le mettre à la teste d'une Armée, plutost qu'à la teste d'un Liure: Et ie conçois bien mieux ce qu'il est capable de faire, en l'opposant aux forces des Ennemis de cet Etat, qu'en l'opposant à la Critique des Ennemis d'une Comedie.

Ce n'est pas, MONSEIGNEVR, que la glorieuse approbation de V. A. S. ne fust une puissante protection pour toutes ces sortes d'Ouurages, & qu'on ne soit persuadé des lumieres de vostre Esprit, autant que de l'intrépidité de vostre Cœur, & de la grandeur de vostre Ame. On sçait par toute la Terre, que l'éclat de vostre Mérite n'est point renfermé dans les bornes de cette Valeur indomptable, qui se fait des Adorateurs

EPISTRE.

chez ceux-mesme qu'Elle surmonte; qu'il s'étend, ce Mérite, jusques aux connoissances les plus fines & les plus releuées; & que les décisions de vostre jugement sur tous les Ouurages d'esprit, ne manquent point d'estre suiuies par le sentiment des plus délicats. Mais on sçait aussi, MONSEIGNEVR, que toutes ces glorieuses aprobations dont nous nous vantons au Public, ne nous coûtent rien à faire imprimer, & que ce sont des choses dont nous disposons comme nous voulons. On sçait, dis-je, qu'vne Epistre Dédicatoire dit tout ce qu'il luy plaist; & qu'vn Autheur est en pouuoir d'aller saisir les Personnes les plus augustes, & de parer de leurs grands Noms les premiers feüillets de son Liure; qu'il a la liberté de s'y donner autant qu'il veut l'honneur de leur estime, & de se faire des Protecteurs qui n'ont iamais songé à l'estre.

Ie n'abuseray, MONSEIGNEVR, ny de vostre Nom, ny de vos bontez, pour combattre les Censeurs de l'Amphitryon, & m'attribüer vne gloire, que ie n'ay pas peut-estre meritée; & ie ne prens la liberté

EPISTRE.

de vous offrir ma Comedie, que pour auoir lieu de vous dire que ie regarde inceſſamment auec vne profonde véneration, les grandes Qualitez que vous joignez au Sang auguſte dont vous tenez le jour, & que ie ſuis, MONSEIGNEVR, auec tout le reſpect poſſible, & tout le zele imaginable,

De VOSTRE ALTESSE SERENISSIME,

Le tres-humble, tres-obeïſſant,
& tres-obligé Seruiteur,
MOLIERE.

Extrait du Priuilege du Roy.

Par Grace & Priuilege du Roy, donné à Saint Germain en Laye, le 20. jour de Feurier 1668. Signé, Par le Roy en son Conseil, MARGERET: Il est permis à I. B. P. DE MOLIERE, de faire imprimer par tel Libraire ou Imprimeur qu'il voudra choisir, vne Piece de Theatre de sa composition, intitulée, L'AMPHITRYON, pendant le temps & espace de cinq années entieres & accomplies, à commencer du jour qu'elle sera acheuée d'imprimer: Et defenses sont faites à tous autres Libraires & Imprimeurs, d'imprimer, ou faire imprimer, vendre & debiter ladite Piece, sans le consentement de l'Exposant, ou de ceux qui auront droict de luy; à peine aux contreuenans, de trois mille liures d'amende, confiscation des Exemplaires contrefaits, & de tous despens, dommages & interests, ainsi que plus au long il est porté par lesdites Lettres de Priuilege.

Et ledit Sieur DE MOLIERE a cedé & transporté son droict de Priuilege, à IEAN RIBOV Marchand Libraire à Paris, pour en joüir, suiuant l'accord fait entr'eux.

Registré sur le Liure de la Communauté, suiuant l'Arrest de la Cour de Parlement.

Acheué d'imprimer pour la premiere fois le 5. Mars 1668.

ACTEVRS.

MERCVRE.

LA NVIT.

IVPITER, sous la forme d'Amphitryon.

AMPHITRYON, General des Thébains.

ALCMENE, Femme d'Amphitryon.

CLEANTHIS, Suiuante d'Alcméne, & Femme de Sosie.

SOSIE, Valet d'Amphitryon.

ARGATIPHONTIDAS,
NAVCRATES,
POLIDAS,
POSICLES,
} Capitaines Thébains.

La Scene est à Thébes, deuant la Maison d'Amphitryon.

AMPHITRYON,
COMEDIE.

PROLOGUE.

MERCVRE *sur vn Nuage*, LA NVIT *dans vn Char traisné par deux Cheuaux.*

MERCVRE.

Ovt-beav, charmante Nuit; daignez
   vous arrester.
Il est certain secours, que de vous on
   desire:
Et i'ay deux mots à vous dire,
   De la part de Iupiter.

LA NVIT.

Ah, ah, c'est vous, Seigneur Mercure!
Qui vous eust deuiné là, dans cette posture?

A

AMPHITRYON,

MERCVRE.

Ma foy, me trouuant las, pour ne pouuoir fournir
Aux differens Emplois où Iupiter m'engage,
Ie me suis doucement assis sur ce Nuage,
    Pour vous attendre venir.

LA NVIT.

Vous vous moquez, Mercure, & vous n'y songez pas,
Sied-il bien à des Dieux de dire qu'ils sont las?

MERCVRE.

Les Dieux sont-ils de Fer?

LA NVIT.

      Non ; mais il faut sans cesse
Garder le *decorum* de la Diuinité.
Il est de certains mots, dont l'vsage rabaisse
    Cette sublime qualité;
    Et que, pour leur indignité,
  Il est bon qu'aux Hommes on laisse.

MERCVRE.

    A vostre aise vous en parlez;
Et vous auez, la Belle, vne Chaise roulante,
Où par deux bons Cheuaux, en Dame nonchalante,
Vous vous faites traîner par tout où vous voulez.
    Mais de moy ce n'est pas de méme;
Et ie ne puis vouloir, dans mon destin fatal,
    Aux Poëtes assez de mal,
    De leur impertinence extréme:
    D'auoir, par vne injuste Loy,
    Dont on veut maintenir l'vsage,
    A chaque Dieu, dans son Employ,
    Donné quelque allûre en partage;
    Et de me laisser à pié, Moy,
    Comme vn Messager de Village.
Moy qui suis, côme on sçait, en Terre, & dãs les Cieux
Le fameux Messager du Souuerain des Dieux;

COMEDIE.

Et qui, sans rien exagerer,
Par tous les Emplois qu'il me donne,
Aurois besoin, plus que Personne,
D'auoir dequoy me voiturer.
LA NVIT.
Que voulez-vous faire à cela?
Les Poëtes font à leur guise.
Ce n'est pas la seule sottise,
Qu'on voit faire à ces Messieurs-là.
Mais contr'eux toutefois vostre Ame à tort s'irrite,
Et vos ailes aux piez sont vn don de leurs soins.
MERCVRE.
Oüy; mais pour aller plus viste,
Est-ce qu'on s'en lasse moins?
LA NVIT.
Laissons cela, Seigneur Mercure,
Et sçachons ce dont il s'agit.
MERCVRE.
C'est Iupiter, comme ie vous l'ay dit,
Qui de vostre Manteau veut la faueur obscure,
Pour certaine douce auanture,
Qu'vn nouuel Amour luy fournit.
Ses pratiques, ie croy, ne vous sont pas nouuelles,
Bien souuent, pour la Terre, il neglige les Cieux:
Et vous n'ignorez pas que ce Maistre des Dieux
Aime à s'humaniser pour des Beautez mortelles,
Et sçait cent tours ingenieux,
Pour mettre à bout les plus cruelles.
Des yeux d'Alcméne il a senty les coups:
Et tandis qu'au milieu des Beotiques Plaines,
Amphitryon, son Epous,
Commande aux Troupes Thebaines,
Il en a pris la forme, & reçoit là-dessous
Vn soulagement à ses peines,

A ij

Dans la possession des plaisirs les plus doux.
L'état des Mariez à ses feux est propice:
L'Hymen ne les a joints, que depuis quelques jours;
Et la jeune chaleur de leurs tendres amours,
A fait que Iupiter à ce bel artifice
    S'est auisé d'auoir recours.
Son stratagéme icy se trouue salutaire:
    Mais, pres de maint Objet chery,
Pareil déguisement seroit pour ne rien faire;
Et ce n'est pas par tout vn bon moyen de plaire,
    Que la Figure d'vn Mary.

LA NVIT.

I'admire Iupiter; & ie ne comprens pas,
Tous les déguisemens, qui luy viennent en teste.

MERCVRE.

Il veut gouster par là toutes sortes d'Etats;
    Et c'est agir en Dieu qui n'est pas Beste.
Dans quelque rang qu'il soit des Mortels regardé,
    Ie le tiendrois fort miserable,
S'il ne quittoit iamais sa mine redoutable,
Et qu'au faiste des Cieux il fut toûjours guindé.
Il n'est point à mon gré de plus sotte methode;
Que d'estre emprisonné toûjours dans sa grandeur;
Et sur tout, aux transports de l'amoureuse ardeur,
La haute Qualité deuient fort incommode.
Iupiter, qui sans doute en plaisirs se connoist,
Sçait descendre du haut de sa Gloire suprême;
    Et pour entrer dans tout ce qu'il luy plaist,
    Il sort tout à fait de luy-méme,
Et ce n'est plus alors Iupiter qui paroist.

LA NVIT.

Passe encor de le voir de ce sublime Etage,
    Dans celuy des Hommes venir;
Prédre tous les trâsports que leur Cœur peut fournir;

COMEDIE.

Et se faire à leur badinage;
Si dans les changemens où son humeur l'engage,
A la Nature Humaine il s'en vouloit tenir.
  Mais de voir Iupiter Taureau,
  Serpent, Cygne, ou quelqu'autre chose;
  Ie ne trouue point cela beau,
Et ne m'étonne pas, si par fois on en cause.
MERCVRE.
  Laissons dire tous les Censeurs.
  Tels changemens ont leurs douceurs,
  Qui passent leur intelligence.
Ce Dieu sçait ce qu'il a fait aussi bien là qu'ailleurs;
Et dans les mouuemens de leurs tendres ardeurs,
Les Bestes ne sont pas si Bestes, que l'on pense.
LA NVIT.
Reuenons à l'Objet, dont il a les faueurs.
Si par son stratagéme, il voit sa flame heureuse,
Que peut-il souhaiter? & qu'est-ce que ie puis?
MERCVRE.
Que vos Cheuaux par vous au petit pas reduits,
Pour satisfaire aux vœux de son Ame amoureuse,
  D'vne Nuit si délicieuse,
  Fassent la plus longue des Nuits.
  Qu'à ses transports vous donniez plus d'espace;
  Et retardiez la naissance du Iour,
   Qui doit auancer le retour
  De celuy, dont il tient la place.
LA NVIT.
Voila sans doute vn bel Employ,
Que le Grand Iupiter m'apreste:
Et l'on donne vn nom fort honneste
Au seruice qu'il veut de moy.
MERCVRE.
Pour vne jeune Déesse,

A iij

AMPHITRYON,
Vous estes bien du bon temps!
Vn tel Employ n'est bassesse,
Que chez les petites Gens.
Lors que dans vn haut Rang on a l'heur de paroistre,
Tout ce qu'on fait est toûjours bel, & bon;
Et suiuant ce qu'on peut estre,
Les choses changent de nom.
LA NVIT.
Sur de pareilles matieres,
Vous en sçauez plus que moy:
Et pour accepter l'Employ,
I'en veux croire vos lumieres.
MERCVRE.
Hé, la, la, Madame la Nuit,
Vn peu doucement ie vous prie.
Vous auez dans le Monde vn bruit,
De n'estre pas si rencherie.
On vous fait Confidente en cent Climats diuers,
De beaucoup de bonnes Affaires;
Et ie crois, à parler à sentimens ouuerts,
Que nous ne nous en deuons gueres.
LA NVIT.
Laissons ces contrarietez,
Et demeurons ce que nous sommes;
N'apprestons point à rire aux Hommes,
En nous disant nos veritez.
MERCVRE.
Adieu, ie vais là-bas, dans ma Commission,
Dépoüiller promptement la forme de Mercure,
Pour y vestir la Figure
Du Valet d'Amphytrion.
LA NVIT.
Moy, dans cette Hemisphere, auec ma Suite obscure,
Ie vais faire vne Station.

COMEDIE.
MERCVRE.
Bon-jour, la Nuit.
LA NVIT.
Adieu, Mercure.

Mercure descend de son Nuage en terre, & la Nuit passe dans son Char.

ACTE PREMIER.

SCENE PREMIERE.

SOSIE.

Vi va là ? Heu ? Ma peur, à chaque pas
  s'accroiſt.
Meſſieurs, Amy de tout le Monde.
Ah! quelle audace ſans ſeconde,
De marcher à l'heure qu'il eſt!
Que mon Maiſtre couuert de gloire,
Me jouë icy d'vn vilain tour!
Quoy! ſi pour ſon Prochain il auoit quelque amour,
M'auroit-il fait partir par vne Nuit ſi noire?
Et pour me renuoyer anoncer ſon retour,
Et le détail de ſa Victoire,
Ne pouuoit-il pas bien attendre qu'il fut jour?
Soſie, à quelle ſeruitude
Tes jours ſont-ils aſſujettis!
Noſtre Sort eſt beaucoup plus rude
Chez les Grands, que chez les Petits.
Ils veulent que pour eux tout ſoit dans la Nature
Obligé de s'immoler.

Iour & Nuit, Gresle, Vent, Péril, Chaleur, Froidure,
Dés qu'ils parlent, il faut voler.
Vingt ans d'assidu seruice,
N'en obtiennent rien pour nous:
Le moindre petit caprice
Nous attire leur courroux.
Cependant nostre Ame insensée
S'acharne au vain honneur de demeurer pres d'eux;
Et s'y veut contenter de la fausse pensée,
Qu'ont tous les autres Gens que nous sômes heureux,
Vers la retraite en vain la Raison nous appelle;
En vain nostre dépit quelquefois y consent:
Leur veuë a sur nostre zele
Vn ascendant trop puissant;
Et la moindre faueur d'vn coup d'œil caressant,
Nous rengage de plus belle.
Mais enfin, dans l'obscurité,
Ie voy nostre Maison, & ma frayeur s'éuade.
Il me faudroit, pour l'Ambassade,
Quelque Discours premedité.
Ie dois aux yeux d'Alcméne vn Portrait Militaire
Du grand Combat qui met nos Ennemis à bas:
Mais comment diantre le faire,
Si ie ne m'y trouuay pas?
N'importe, parlons-en, & d'estoc, & de taille,
Comme oculaire témoin:
Combien de Gens font-ils des Recits de Bataille,
Dont ils se sont tenus loin?
Pour joüer mon Rôle sans peine,
Ie le veux vn peu repasser:
Voicy la Châbre, où i'entre en Courrier que l'ô meine,
Et cette Lanterne est Alcméne,
A qui ie me dois adresser.

Il pose sa Lanterne à terre, & luy adresse son côpliment

COMEDIE.

Madame, Amphitryon, mō Maiſtre, & vôtre Epous...
Bon! beau début! L'Eſprit toûjours plein de vos
  M'a voulu choiſir entre tous, (charmes,
Pour vous donner auis du ſuccés de ſes Armes,
Et du deſir qu'il a de ſe voir pres de vous.
  Ha! vrayment, mon pauure Soſie,
  A te reuoir, i'ay de la joye au Cœur.
  Madame, ce m'eſt trop d'honneur,
  Et mon deſtin doit faire enuie.
Bien répondu! Comment ſe porte Amphitryon?
  Madame, en Homme de courage,
Dans les occaſions, où la Gloire l'engage.
  Fort bien! belle conception!
  Quand viendra-t'il, par ſon retour charmant,
  Rendre mon Ame ſatisfaite?
Le plûtoſt qu'il pourra, Madame, aſſurément;
 Mais bien plus tard que ſon Cœur ne ſouhaite.
Ah! Mais quel eſt l'état, où la Guerre l'a mis?
Que dit-il? que fait-il? contente vn peu mon Ame.
  Il dit moins qu'il ne fait, Madame,
  Et fait trembler les Ennemis.
Teſte! où prend mon Eſprit toutes ces gentilleſſes?
Que font les reuoltez? dy-moy, quel eſt leur ſort?
Ils n'ont pû reſiſter, Madame, à noſtre effort:
  Nous les auons taillez en pieces,
  Mis Pterelas leur Chef à mort;
Pris Telebe d'aſſaut, & déja dans le Port
  Tout retentit de nos proüeſſes.
Ah! quel ſuccés! ô Dieux! qui l'eut pû iamais croire?
Raconte-moy, Soſie, vn tel éuenement.
Ie le veux bien, Madame, & ſans m'enfler de gloire,
  Du détail de cette Victoire
  Ie puis parler tres-ſçauamment.

Figurez-vous donc que Telebe, *Il marque*
    Madame, est de ce costé: *les Lieux*
C'est vne Ville, en verité, *sur sa*
    Aussi grande quasi que Thebe. *main, ou*
    La Riuiere est comme là. *à terre.*
    Icy nos Gens se camperent:
    Et l'espace que voila,
    Nos Ennemis l'occuperent.
    Sur vn haut, vers cet endroit,
    Estoit leur Infanterie;
    Et plus bas, du costé droit,
    Estoit la Caualerie.
Apres auoir aux Dieux adressé les Prieres,
Tous les Ordres donnez, on donne le Signal.
Les Ennemis pensant nous tailler des croupieres,
Firent trois pelotons de leurs Gens à cheual:
Mais leur chaleur par nous fut bientost réprimée,
    Et vous allez voir comme quoy.
Voila nostre Auantgarde, à bien faire animée;
    Là les Archers de Creon nostre Roy;
    Et voicy le Corps d'Armée,
Qui d'abord.... Attendez, le Corps d'Armée a peut.
    I'entens quelque bruit, ce me semble.
On fait vn peu de bruit.

COMEDIE.

SCENE II.
MERCVRE, SOSIE.

MERCVRE *sous la forme de Sosie.*

Sous ce minois, qui luy ressemble,
Chassons de ces Lieux ce Causeur;
Dont l'abord importun troubleroit la douceur,
Que nos Amans goûtent ensemble.

SOSIE.

Mon Cœur tant soit peu se rassure;
Et ie pense que ce n'est rien.
Crainte pourtant de sinistre auanture,
Allons chez nous acheuer l'Entretien.

MERCVRE.

Tu seras plus fort que Mercure,
Ou ie t'en empescheray bien.

SOSIE.

Cette Nuit, en longueur, me semble sans pareille:
Il faut depuis le temps que ie suis en chemin,
Ou que mon Maistre ait pris le soir pour le matin,
Ou que trop tard au Lit le blond Phébus sommeille,
Pour auoir trop pris de son Vin.

MERCVRE.

Comme auec irréuerence
Parle des Dieux ce Maraut!
Mon Bras sçaura bien tantost
Chastier cette insolence;
Ie vais m'égayer auec luy comme il faut,
En luy volant son Nom, auec sa Ressemblance;

B

SOSIE.

Ah! par ma foy, i'auois raison!
C'est fait de moy, chetiue Creature.
Ie voy deuant nostre Maison,
Certain Homme, dont l'encolure
Ne me présage rien de bon.
Pour faire semblant d'assurance,
Ie veux chanter vn peu d'icy. *Il chante; &*
lors que Mercure parle, sa voix s'affoiblit peu à peu.

MERCVRE.

Qui donc est ce Coquin, qui prend tant de licence,
Que de chanter, & m'étourdir ainsy?
Veut-il qu'à l'étriller, ma Main vn peu s'applique?

SOSIE.

Cet Homme, assurément, n'aime pas la Musique.

MERCVRE.

Depuis plus d'vne Semaine,
Ie n'ay trouué Personne à qui rompre les os.
La vertu de mon Bras se perd dans le repos;
Et ie cherche quelque Dos,
Pour me remettre en haleine.

SOSIE.

Quel diable d'Homme est-ce-cy?
De mortelles frayeurs ie sens mon Ame atteinte.
Mais pourquoy trembler tant aussi?
Peut-estre a-t'il dãs l'Ame autãt que moy de crainte;
Et que le Drole parle ainsy,
Pour me cacher sa peur, sous vne audace feinte.
Oüy, oüy, ne soufrós point qu'õ nous croye vn Oyson.
Si ie ne suis hardy, tâchons de le paroistre.
Faisons-nous du Cœur, par raison.
Il est seul comme moy, ie suis fort, i'ay bon Maistre,
Et voila nostre Maison.

COMEDIE.

MERCVRE.
Qui va là ?

SOSIE.
Moy.

MERCVRE.
Qui, moy?

SOSIE.
Moy. Courage, Sosie.

MERCVRE.
Quel est ton sort, dy-moy?

SOSIE.
D'estre Homme, & de parler.

MERCVRE.
Es-tu Maistre, ou Valet?

SOSIE.
Comme il me prend enuie.

MERCVRE.
Où s'adressent tes pas?

SOSIE.
Où i'ay dessein d'aller.

MERCVRE.
Ah! cecy me déplaist.

SOSIE.
I'en ay l'Ame rauie.

MERCVRE.
Résolument, par force, ou par amour,
Ie veux sçauoir de toy, Traistre;
Ce que tu fais; d'où tu viens auant jour;
Où tu vas; à qui tu peux estre.

SOSIE.
Ie fais le bien, & le mal, tour à tour:
Ie viens de là; vais là; i'appartiens à mon Maistre.

MERCVRE.
Tu montres de l'Esprit ; & ie te vois en train

B ij

AMPHITRYON,

De trancher auec moy de l'Homme d'importance,
Il me prend vn defir, pour faire connoiffance,
De te donner vn Soufflet de ma Main.

SOSIE.

A moy-mefme?

MERCVRE.

A toy-mefme, & t'en voila certain.
Il luy donne vn Soufflet.

SOSIE.

Ah, ah, c'eft tout de bon!

MERCVRE.

Non, ce n'eft que pour rire,
Et répondre à tes Quolibets.

SOSIE.

Tudieu, l'Amy, fans vous rien dire,
Comme vous baillez des Soufflets!

MERCVRE.

Ce font là de mes moindres coups;
De petits Soufflets ordinaires.

SOSIE.

Si i'eftois auffi prompt que vous,
Nous ferions de belles affaires.

MERCVRE.

Tout cela n'eft encor rien,
Pour y faire quelque paufe:
Nous verrons bien autre chofe;
Pourfuiuons noftre Entretien.

SOSIE. *Il veut s'en aller.*

Ie quitte la Partie.

MERCVRE.

Où vas-tu?

SOSIE.

Que t'importe?

COMEDIE.

MERCVRE.
Ie veux sçauoir où tu vas.
SOSIE.
Me faire ouurir cette Porte:
Pourquoy retiens-tu mes pas?
MERCVRE.
Si jusqu'à l'approcher tu pousses ton audace,
Ie fais sur toy pleuuoir vn Orage de coups.
SOSIE.
Quoy! tu veux, par ta menace,
M'empescher d'entrer chez nous?
MERCVRE.
Comment, chez nous!
SOSIE.
Oüy, chez nous.
MERCVRE.
O le Traistre!
Tu te dis de cette Maison?
SOSIE.
Fort bien. Amphitryon n'en est-il pas le Maistre?
MERCVRE.
Hé bien, que fait cette raison?
SOSIE.
Ie suis son Valet.
MERCVRE.
Toy?
SOSIE.
Moy.
MERCVRE.
Son Valet?
SOSIE.
Sans doute.
MERCVRE.
Valet d'Amphitryon?

B iij

AMPHITRYON,

SOSIE.

D'Amphitryon, de luy.

MERCVRE.

Ton Nom est?

SOSIE.

Sosie.

MERCVRE.

Heu? Comment?

SOSIE.

Sosie.

MERCVRE.

Ecoute.
Sçais-tu que de ma Main ie t'assomme aujourd'huy?

SOSIE.

Pourquoy? De quelle rage est ton Ame saisie?

MERCVRE.

Qui te donne, dy-moy, cette temerité,
De prendre le Nom de Sosie?

SOSIE.

Moy, ie ne le prens point, ie l'ay toûjours porté.

MERCVRE.

O le mensonge horrible! & l'impudence extréme!
Tu m'oses soûtenir, que Sosie est ton Nom?

SOSIE.

Fort bien, ie le soûtiens; par la grande raison,
Qu'ainsi l'a fait des Dieux la Puissance supréme:
Et qu'il n'est pas en moy de pouuoir dire non,
Et d'estre vn autre, que moy-méme.

Mercure le bat. MERCVRE.

Mille coups de Baston doiuent estre le prix
D'vne pareille éfronterie.

SOSIE.

Iustice, Citoyens! au secours, ie vous prie!

COMEDIE.

MERCVRE.

Comment, Bourreau, tu fais des cris?

SOSIE.

De mille coups tu me meurtris,
Et tu ne veux pas que ie crie?

MERCVRE.

C'est ainsi que mon Bras....

SOSIE.

L'action ne vaut rien.
Tu triomphes de l'auantage,
Que te donne sur moy mon manque de courage,
Et ce n'est pas en vser bien.
C'est pure Fanfaronnerie,
De vouloir profiter de la Poltronnerie
De ceux qu'attaque nostre Bras.
Battre vn Home à jeu seur, n'est pas d'vne belle Ame;
Et le Cœur est digne de blâme,
Contre les Gens qui n'en ont pas.

MERCVRE.

Hé bien, es-tu Sosie à present? qu'en dis-tu?

SOSIE.

Tes coups n'ôt point en moy fait de metamorphose,
Et tout le changement que ie trouue à la chose,
C'est d'estre Sosie battu.

MERCVRE.

Encor? Cêt autres coups pour cette autre impudêce.

SOSIE.

De grace, fais tréue à tes coups.

MERCVRE.

Fais donc tréue à ton insolence.

SOSIE.

Tout ce qu'il te plaira; ie garde le silence:
La dispute est par trop inégale entre nous,

AMPHITRYON,
MERCVRE.
Es-tu Sofie encor? dy, Traiftre!
SOSIE.
Helas! ie fuis ce que tu veux.
Difpofe de mon fort, tout au gré de tes vœux;
Ton Bras t'en a fait le Maiftre.
MERCVRE.
Ton Nom eftoit Sofie, à ce que tu difois.
SOSIE.
Il eft vray, jufqu'icy i'ay crû la chofe claire:
Mais ton Bafton, fur cette affaire,
M'a fait voir que ie m'abufois.
MERCVRE.
C'eft moy qui fuis Sofie; & tout Thebe l'auouë,
Amphitryon iamais n'en eut d'autre que moy.
SOSIE.
Toy Sofie?
MERCVRE.
Oüy Sofie; & fi quelqu'vn s'y jouë,
Il peut bien prendre garde à foy.
SOSIE.
Ciel! me faut-il ainfi renoncer à moy-méme,
Et par vn Impofteur me voir voler mon Nom?
Que fon bonheur eft extréme,
De ce que ie fuis Poltron!
Sans cela, par la mort....
MERCVRE.
Entre tes dents, ie penfe,
Tu murmures ie ne fçay quoy?
SOSIE.
Non; mais au nom des Dieux, dóne-moy la licence
De parler vn moment à toy.
MERCVRE.
Parle,

COMEDIE.

SOSIE.
Mais promets moy de grace,
Que les coups n'en seront point.
Signons vne Tréue.

MERCVRE.
Passe;
Va, ie t'accorde ce poinct.

SOSIE.
Qui te jette, dy-moy, dans cette fantaisie?
Que te reuiendrat-il, de m'enleuer mon Nom?
Et peux-tu faire enfin, quand tu serois Démon,
Que ie ne sois pas Moy? que ie ne sois Sosie?

MERCVRE.
Comment, tu peux....

SOSIE.
Ah! tout doux:
Nous auons fait tréue aux coups.

MERCVRE.
Quoy! Pendart, Imposteur, Coquin....

SOSIE.
Pour des injures,
Dy-m'en tant que tu voudras:
Ce sont legeres blessures;
Et ie ne m'en fâche pas.

MERCVRE.
Tu te dis Sosie!

SOSIE.
Oüy, quelque conte friuole....

MERCVRE.
Sus, ie romps nostre tréue, & reprens ma parole.

SOSIE.
N'importe, ie ne puis m'aneantir pour toy;
Et souffrir vn discours, si loin de l'apparence.
Est-ce ce que ie suis, est-il en ta puissance?

AMPHITRYON,

Et puis-je cesser d'estre Moy?
S'auisa-t'on iamais d'vne chose pareille!
Et peut-on démentir cent Indices pressans?
  Réué-je? est-ce que ie sommeille?
Ay-je l'Esprit troublé par des transports puissans?
  Ne sens-je pas bien que ie veille?
  Ne suis-je pas dans mon bon sens?
Mon Maistre Amphitryon, ne m'a-t'il pas commis,
A venir, en ces Lieux, vers Alcméne sa Femme?
Ne luy dois-je pas faire, en luy vantant sa flame,
Vn Recit de ses Faits contre nos Ennemis?
Ne suis-je pas du Port arriué tout à l'heure?
 Ne tiens-je pas vne Lanterne en main?
Ne te trouué-je pas deuant nostre Demeure?
Ne t'y parlé-je pas d'vn Esprit tout humain?
Ne te tiens-tu pas fort de ma Poltronnerie,
  Pour m'empescher d'entrer chez nous?
N'as-tu pas sur mon Dos exercé ta Furie?
  Ne m'as-tu pas roüé de coups?
 Ah! tout cela n'est que trop veritable.
  Et, plût au Ciel, le fut-il moins!
Cesse donc d'insulter au sort d'vn Misérable;
Et laisse à mon deuoir s'acquiter de ses soins.

MERCVRE.

Arreste : ou sur ton Dos le moindre pas attire
Vn assommant éclat de mon juste courroux.
  Tout ce que tu viens de dire,
  Est à moy, hormis les coups.
C'est moy qu'Amphitryon depute vers Alcméne,
Et qui du Port Persique arriue de ce pas.
Moy qui viens anoncer la valeur de son Bras,
Qui nous fait remporter vne Victoire pleine,
Et de nos Ennemis a mis le Chef à bas.
C'est moy qui suis Sosie enfin, de certitude;

COMEDIE.

Fils de Daue, honneste Berger;
Frere d'Arpage, mort en Païs étranger;
Mary de Cleanthis la prude,
Dont l'humeur me fait enrager.
Qui dans Thebe ay receu mille coups d'étriuiere,
Sans en auoir iamais dit rien.
Et jadis en Public, fus marqué par derriere,
Pour estre trop Homme de bien.

SOSIE.

Il a raison. A moins d'estre Sosie,
On ne peut pas sçauoir tout ce qu'il dit.
Et dans l'étonnement, dont mon Ame est saisie,
Ie commence, à mon tour, à le croire vn petit.
En effet, maintenant que ie le considere,
Ie voy qu'il a de moy, taille, mine, action.
Faisons-luy quelque Question,
Afin d'éclaircir ce mystere.
Parmy tout le Butin fait sur nos ennemis,
Qu'est-ce qu'Amphitryon obtient pour son partage?

MERCVRE.

Cinq fort gros Diamans, en nœud proprement mis;
Dont leur Chef se paroit, comme d'vn rare Ouurage.

SOSIE.

A qui destine-t'il vn si riche Présent?

MERCVRE.

A sa Femme ; & sur elle il le veut voir paroistre.

SOSIE.

Mais où, pour l'apporter, est-il mis à present?

MERCVRE.

Dans vn Coffret, scellé des Armes de mon Maistre.

SOSIE.

Il ne ment pas d'vn mot, à chaque repartie,
Et de moy ie commence à douter tout de bon.
Pres de moy, par la force, il est déja Sosie:

Il pourroit bien encor l'estre, par la raison.
Pourtant, quand ie me tâte, & que ie me rapelle,
　　　Il me semble que ie suis Moy.
Où puis-je rencontrer quelque clarté fidelle,
　　　Pour démesler ce que ie voy?
Ce que i'ay fait tout seul, & que n'a veu personne,
A moins d'estre Moy-mesme, on ne le peut sçauoir.
Par cette Question, il faut que ie l'étonne:
C'est dequoy le confondre, & nous allons le voir.
Lorsqu'on estoit aux mains, que fis-tu dãs nos Tentes
　　　Où tu courrus seul te fourrer?

　　　　　MERCVRE.
D'vn Iambon....
　　　　　SOSIE.
　　　L'y voila!
　　　　　MERCVRE.
　　　　　　　Que i'allay déterrer,
Ie coupay brauement deux Tranches suculentes,
　　　Dont ie sçeus fort bien me bourrer.
Et joignant à cela d'vn Vin que l'on ménage,
Et dont auant le goust, les yeux se contentoient;
　　　Ie pris vn peu de courage,
　　　Pour nos Gens qui se battoient.
　　　　　SOSIE.
　　　Cette preuue sans pareille,
　　　En sa faueur conclut bien;
　　　Et l'on n'y peut dire rien,
　　　S'il n'estoit dans la Bouteille.
Ie ne sçaurois nier, aux preuues qu'on m'expose,
Que tu ne sois Sosie; & i'y donne ma voix.
Mais si tu l'es, dy-moy qui tu veux que ie sois;
Car encor faut-il bien que ie sois quelque chose.
　　　　　MERCVRE.
　　Quand ie ne seray plus Sosie,
　　　　　　　　　　Sois-le,

COMEDIE.

Sois-le, i'en demeure d'accord.
Mais tant que ie le suis, ie te garantis mort,
Si tu prens cette fantaisie.

SOSIE.
Tout cet embarras met mon Esprit sur les dents;
Et la Raison, à ce qu'on voit s'oppose.
Mais il faut terminer enfin par quelque chose,
Et le plus court pour moy, c'est d'entrer là-dedans.

MERCVRE.
Ah! tu prens donc, Pendart, goust à la Bastonnade?

SOSIE.
Ah! qu'est-ce-cy, grãds Dieux! il frape vn tõ plus fort;
Et mon Dos, pour vn mois, en doit estre malade.
Laissons ce diable d'Hõme; & retournons au Port.
O iuste Ciel! i'ay fait vne belle Ambassade!

MERCVRE.
Enfin, ie l'ay fait fuir; & sous ce traitement,
De beaucoup d'actions, il a receu la peine.
Mais ie voy Iupiter, que fort ciuilement
Reconduit l'amoureuse Alcméne.

SCENE III.
IVPITER, ALCMENE, CLEANTHIS, MERCVRE.

IVPITER.
Défendez, chere Alcméne, aux Flambeaux d'aprocher;
Ils m'offrent des plaisirs, en m'offrant vostre veuë:

C

Mais ils pourroient icy découurir ma venuë,
    Qu'il est à propos de cacher.
Mon amour, que gesnoient tous ces soins éclatans,
Où me tenoit lié la gloire de nos Armes,
Au deuoir de ma Charge, a volé les instans,
    Qu'il vient de donner à vos charmes.
Ce vol, qu'à vos Beautez mon Cœur a consacré,
Pourroit estre blâmé dans la bouche publique;
    Et i'en veux, pour témoin vnique,
    Celle qui peut m'en sçauoir gré.
         ALCMENE.
Ie prens, Amphitryon, grande part à la gloire,
Que répandent sur vous vos illustres Exploits;
    Et l'éclat de vostre Victoire
Sçait toucher de mon Cœur les sensibles endroits.
    Mais quand ie voy que cet honneur fatal
        Eloigne de moy ce que i'aime,
Ie ne puis m'empescher dans ma tendresse extréme,
    De luy vouloir vn peu de mal;
Et d'opposer mes vœux à cet Ordre supréme,
    Qui des Thebains vous fait le General.
C'est vne douce chose, apres vne Victoire,
Que la Gloire, où l'on voit ce qu'on aime éleué:
Mais parmy les périls meslez à cette Gloire,
Vn triste coup, helas! est bientost arriué.
De combien de frayeurs a-t-on l'Ame blessée,
    Au moindre choc dont on entend parler?
Voit-on, dans les horreurs d'vne telle pensée,
        Par où iamais se consoler
        Du coup, dont on est menacée?
Et de quelque Laurier qu'on couróne vn Vainqueur;
Quelque part que l'on ait à cet honneur supréme;
Vaut-il ce qu'il en couste aux tendresses d'vn Cœur,
Qui peut, à tout momét, trembler pour ce qu'il aime?

COMEDIE.

IVPITER.

Ie ne voy rien en vous, dõt mõ feu ne s'augmente,
Tout y marque à mes yeux vn Cœur bien enflamé.
Et c'est, ie vous l'auouë, vne chose charmante,
De trouuer tant d'amour dans vn Objet aimé.
Mais, si ie l'ose dire, vn scrupule me gesne,
Aux tendres sentimens que vous me faites voir;
Et pour les bien goûter, mon amour, chere Alcméne,
Voudroit n'y voir entrer, rien de vostre deuoir:
Qu'à vostre seule ardeur, qu'à ma seule personne,
Ie dûsse les faueurs que ie reçois de vous;
Et que la qualité que i'ay de vostre Epous,
    Ne fust point ce qui me les donne.

ALCMENE.

C'est de ce Nom pourtãt, que l'ardeur qui me brûle,
    Tient le droict de paroistre au jour:
Et ie ne comprens rien à ce nouueau scrupule,
    Dont s'embarrasse vostre amour.

ALCMENE.

Ah! ce que i'ay pour vous d'ardeur, & de tendresse,
    Passe aussi celle d'vn Epous;
Et vous ne sçauez pas, dans des momens si dous,
    Quelle en est la délicatesse.
Vous ne côceuez point qu'vn Cœur bien amoureux,
Sur cent petits égards s'attache auec étude;
    Et se fait vne inquiétude,
    De la maniere d'estre heureux.
    En moy, belle, & charmante Alcméne,
Vous voyez vn Mary; vous voyez vn Amant:
Mais l'Amant seul me touche, à parler franchement;
Et ie sens prés de vous, que le Mary le gesne.
Cet Amant, de vos vœux, jalous au dernier poinct,
Souhaite qu'à luy seul vostre Cœur s'abandonne;
    Et sa passion ne veut point,

                      C ij

De ce que le Mary luy donne.
Il veut, de pure source, obtenir vos ardeurs;
Et ne veut rien tenir des nœuds de l'Hymenée:
Rien d'vn fâcheux deuoir, qui fait agir les Cœurs,
Et par qui, tous les jours, des plus cheres faueurs,
　　La douceur est empoisonnée.
Dans le scrupule enfin, dont il est combattu,
Il veut, pour satisfaire à sa délicatesse,
Que vous le separiez d'auec ce qui le blesse;
Que le Mary ne soit que pour vostre vertu;
Et que de vostre Cœur, de bonté reuestu,
L'Amant ait tout l'amour, & toute la tendresse.
　　　　ALCMENE.
　　Amphitryon, en verité,
Vous vous moquez, de tenir ce langage:
Et i'aurois peur qu'on ne vous crût pas sage,
　　Si de quelqu'vn vous estiez écouté.
　　　　IVPITER.
　　Ce discours est plus raisonnable,
　　Alcméne, que vous ne pensez:
Mais vn plus long séjour me rendroit trop coupable,
Et du retour au Port, les momens sont pressez.
Adieu, de mon deuoir l'étrange barbarie,
　　Pour vn temps, m'arrache de vous.
Mais, belle Alcméne, au moins, quand vous verrez
　　Songez à l'Amant, ie vous prie.　　(l'Epous,
　　　　ALCMENE.
Ie ne separe point ce qu'vnissent les Dieux;
Et l'Epous, & l'Amant, me sont fort précieux.
　　　　CLEANTHIS.
　　O Ciel! que d'aimables caresses
　　D'vn Epous ardemment chery!
　　Et que mon traiſtre de Mary
　　Est loin de toutes ces tendresses!

COMEDIE.

MERCVRE.

La Nuit, qu'il me faut auertir,
N'a plus qu'à plier tous ses voiles;
Et pour effacer les Etoiles,
Le Soleil, de son Lit, peut maintenant sortir.

SCENE IV.

CLEANTHIS, MERCVRE.

Mercure veut s'en aller.

CLEANTHIS.

Quoy! c'est ainsi que l'on me quitte?

MERCVRE.

Et comment donc? ne veux-tu pas,
Que de mon deuoir ie m'acquite?
Et que d'Amphitryon i'aille suiure les pas?

CLEANTHIS.

Mais auec cette brusquerie,
Traiſtre, de moy te separer!

MERCVRE.

Le beau sujet de fâcherie!
Nous auons tant de temps ensemble à demeurer.

CLEANTHIS.

Mais quoy! partir ainsi d'vne façon brutale,
Sans me dire vn seul mot de douceur pour regale?

MERCVRE.

Diantre, où veux-tu que mon Esprit
T'aille chercher des fariboles?
Quinze ans de Mariage épuisent les paroles;
Et depuis vn longtemps, nous nous sommes tout dit.

CLEANTHIS.

Regarde, Traiſtre, Amphitryon,
Voy combien, pour Alcmène, il étale de flame,
Et rougis là-deſſus, du peu de paſſion,
  Que tu témoignes pour ta Femme.

MERCVRE.

Hé, mon Dieu, Cleanthis, ils ſont encore Amans,
  Il eſt certain âge où tout paſſe:
Et ce qui leur ſied bien dans ces commencemens,
En nous, vieux Mariez, auroit mauuaiſe grace.
Il nous feroit beau voir attachez, face à face,
  A pouſſer les beaux Sentimens!

CLEANTHIS.

Quoy! ſuis-je hors d'état, Perfide, d'eſperer
  Qu'vn Cœur auprés de moy ſoûpire?

MERCVRE.

  Non, ie n'ay garde de le dire:
Mais ie ſuis trop Barbon, pour oſer ſoûpirer;
  Et ie ferois creuer de rire.

CLEANTHIS.

Merites-tu, Pendart, cet inſigne bonheur,
De te voir, pour Epouſe, vne Femme d'honneur?

MERCVRE.

  Mon Dieu, tu n'es que trop honneſte:
  Ce grand honneur ne me vaut rien.
  Ne ſois point ſi Femme de bien;
  Et me romps vn peu moins la teſte.

CLEANTHIS.

Comment! de trop bien viure, on tevoit me blâmer?

MERCVRE.

La douceur d'vne Femme eſt tout ce qui me charme:
  Et ta vertu fait vn vacarme,
  Qui ne ceſſe de m'aſſommer.

COMEDIE.
CLEANTHIS.
Il te faudroit des Cœurs pleins de fausses tendresses,
De ces Femmes aux beaux & loüables talens,
Qui sçauent accabler leurs Maris de caresses,
Pour leur faire aualer l'vsage des Galans.
MERCVRE.
Ma foy, veux-tu que ie te dise?
Vn mal d'opinion, ne touche que les Sots.
Et ie prendrois pour ma Deuise,
Moins d'honneur, & plus de repos.
CLEANTHIS.
Comment ! tu souffrirois, sans nulle répugnance,
Que i'aimasse vn Galant auec toute licence?
MERCVRE.
Oüy, si ie n'estois plus de tes cris rebattu;
Et qu'on te vist changer d'humeur & de méthode,
I'aime mieux vn Vice commode,
Qu'vne fatigante Vertu.
Adieu, Cleanthis, ma chere Ame,
Il me faut suiure Amphitryon.
Il s'en va. ### CLEANTHIS.
Pourquoy, pour punir cet Infame,
Mon Cœur n'a-t-il assez de résolution?
Ah ! que dans cette occasion,
I'enrage d'estre honneste Femme!

Fin du Premier Acte.

AMPHITRYON,

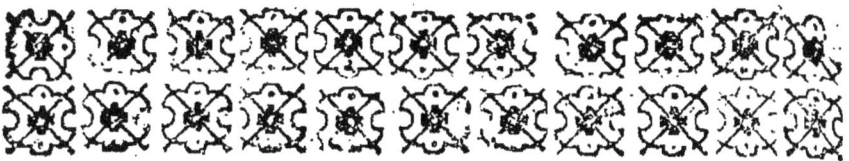

ACTE II.

SCENE PREMIERE.

AMPHITRYON, SOSIE.

AMPHITRYON.

IEN ça, Bourreau, vien-ça. Sçais-tu, Maiſtre Fripon,
Qu'à te faire aſſommer, ton diſcours peut ſuffire?
Et que pour te traitter comme ie le deſire,
Mon courroux n'attend qu'vn Baſton?

SOSIE.
Si vous le prenez ſur ce ton,
Monſieur, ie n'ay plus rien à dire;
Et vous aurez toûjours raiſon.

AMPHITRYON.
Quoy! tu veux me donner pour des veritez, Traiſtre,
Des contes que ie vois d'extrauagance outrez?

SOSIE.
Non, ie ſuis le Valet, & vous eſtes le Maiſtre;

COMEDIE, 33

Il n'en fera, Monsieur, que ce que vous voudrez.
AMPHITRYON.
Cà, ie veux étouffer le courroux qui m'enflame,
Et, tout du long, t'oüir sur ta Commission.
Il faut, auant que voir ma Femme,
Que ie débroüille icy cette confusion.
Rapelle tous tes sens ; rentre bien dans ton Ame,
Et répons, mot pour mot, à chaque Question.
SOSIE.
Mais de peur d'incongruité,
Dites-moy, de grace, à l'auance,
De quel air il vous plaist que cecy soit traitté.
Parleray-je, Monsieur, selon ma conscience;
Ou comme auprès des Grands on le voit vsité?
Faut-il dire la verité;
Ou bien vser de complaisance?
AMPHITRYON.
Non, ie ne te veux obliger,
Qu'à me rendre de tout vn conte fort sincére.
SOSIE.
Bon, c'est assez ; laissez-moy faire :
Vous n'auez qu'à m'interroger.
AMPHITRYON.
Sur l'ordre que tantost ie t'auois sçeu prescrire?
SOSIE.
Ie suis party ; les Cieux, d'vn noir crespe voilez,
Pestant fort contre vous dans ce fâcheux martyre,
Et maudissant vingt fois l'ordre dont vous parlez.
AMPHITRYON.
Comment, Coquin?
SOSIE.
Monsieur, vous n'auez rien qu'à dire,
Ie mentiray, si vous voulez.

AMPHITRYON,

AMPHITRYON.
Voila comme vn Valet montre pour nous du zele,
Passons. Sur les chemins, que t'est-il arriué?

SOSIE.
D'auoir vne frayeur mortelle,
Au moindre Objet que i'ay trouué.

AMPHITRYON.
Poltron!

SOSIE.
En nous formant, Nature a ses caprices,
Diuers panchans en nous elle fait obseruer.
Les vns à s'exposer, trouuent mille delices:
Moy, i'en trouue à me conseruer.

AMPHITRYON.
Arriuant au Logis?

SOSIE.
I'ay deuant nostre Porte,
En moy-mesme voulu répéter vn petit,
Sur quel ton, & de quelle sorte,
Ie ferois du Combat le glorieux Recit.

AMPHITRYON.
En suite?

SOSIE.
On m'est venu troubler, & mettre en peine.

AMPHITRYON.
Et qui?

SOSIE.
Sofie, vn Moy, de vos ordres jalous,
Que vous auez du Port enuoyé vers Alcméne,
Et qui de nos secrets a connoissance pleine,
Comme le Moy qui parle à Vous.

AMPHITRYON.
Quels contes!

COMEDIE.

SOSIE.
Non, Monsieur, c'est la verité pure.
Ce Moy, plutost que Moy, s'est au Logis trouué:
Et i'estois venu, ie vous jure,
Auant que ie fusse arriué.
AMPHITRYON.
D'où peut proceder, ie te prie,
Ce galimatias maudit?
Est-ce songe? est-ce yurognerie?
Alienation d'Esprit?
Ou méchante plaisanterie?
SOSIE.
Non, c'est la chose comme elle est,
Et point du tout conte friuole.
Ie suis Homme d'honneur, i'en donne ma parole,
Et vous m'en croirez, s'il vous plaist.
Ie vous dy que croyant n'estre qu'vn seul Sosie,
Ie me suis trouué deux chez nous.
Et que de ces deux Moy piquez de jalousie,
L'vn est à la Maison, & l'autre est auec Vous.
Que le Moy que voicy, chargé de lassitude,
A trouué l'autre Moy, frais, gaillard, & dispos,
Et n'ayant d'autre inquietude,
Que de battre, & casser des os.
AMPHITRYON.
Il faut estre, ie le confesse,
D'vn Esprit bien posé, bien tranquile, bien dous,
Pour souffrir qu'vn Valet, de Chansons me repaisse.
SOSIE.
Si vous vous mettez en courrous,
Plus de conference entre nous;
Vous sçauez que d'abord tout cesse.
AMPHITRYON.
Non, sans emportement, ie te veux écouter,

Ie l'ay promis. Mais dis, en bonne conscience,
Au mystere nouueau que tu me viens conter,
  Est-il quelque ombre d'apparence?

    SOSIE.

Non; vous auez raison; & la chose à chacun,
  Hors de créance doit paroistre.
  C'est vn fait à n'y rien connoistre;
Vn conte extrauagant, ridicule, importun;
  Cela choque le sens commun:
  Mais cela ne laisse pas d'estre.

   AMPHITRYON.

Le moyen d'en rien croire, à moins qu'estre insensé

    SOSIE.

Ie ne l'ay pas crû Moy, sans vne peine extréme.
Ie me suis, d'estre d'eux, senty l'Esprit blessé;
Et lôgtemps, d'Imposteur, i'ay traité ce Moy-méme,
Mais a me reconnoistre, enfin il m'a forcé:
I'ay veu que c'estoit Moy, sans aucun stratagéme.
Des piez, iusqu'à la teste, il est comme moy fait;
Beau, l'air noble, bien pris, les manieres charmantes:
  Enfin deux goutes de Lait
  Ne sont pas plus ressemblantes;
Et n'estoit que ses mains sont vn peu trop pesantes,
  I'en serois fort satisfait.

   AMPHITRYON.

A quelle patience il faut que ie m'exhorte!
Mais enfin, n'es-tu pas entré dans la Maison?

    SOSIE.

  Bon, entré! Hé de quelle sorte?
Ay-je voulu iamais entendre de raison?
Et ne me suis-je pas interdit nostre Porte?

   AMPHITRYON.
  Comment donc?

      SOSIE.

COMEDIE.
SOSIE.
Auec vn Baston;
Dont mon Dos sent encor vne douleur tres-forte.
AMPHITRYON.
On t'a battu?
SOSIE.
Vrayment!
AMPHITRYON.
Et qui?
SOSIE.
Moy.
AMPHITRYON.
Toy, te battre?
SOSIE.
Oüy, Moy ; non pas le Moy d'icy,
Mais le Moy du Logis, qui frape comme quatre.
AMPHITRYON.
Te confonde le Ciel, de me parler ainsy!
SOSIE.
Ce ne sont point des Badinages.
Le Moy que i'ay trouué tantost,
Sur le Moy qui vous parle, a de grans auantages:
Il a le Bras fort, le Cœur haut;
I'en ay receu des témoignages:
Et ce diable de Moy m'a rossé comme il faut,
C'est vn Drôle qui fait des rages.
AMPHITRYON.
Acheuons. As-tu veu ma Femme?
SOSIE.
Non.
AMPHITRYON.
Pourquoy?
SOSIE.
Par vne raison assez forte.

D

AMPHITRYON.

Qui t'a fait y manquer, Maraut, explique-toy?

SOSIE.

Faut-il le répéter vingt fois de mesme sorte?
Moy, vous dy-je, ce Moy plus robuste que Moy,
Ce Moy, qui s'est de force emparé de la Porte.
    Ce Moy, qui m'a fait filer dous:
    Ce Moy, qui le seul Moy veut estre;
    Ce Moy, de Moy-mesme jalous:
    Ce Moy vaillant, dont le courrous,
    Au Moy Poltron s'est fait connoistre:
    Enfin ce Moy qui suis chez nous;
    Ce Moy, qui s'est montré mon Maistre;
    Ce Moy, qui m'a roüé de coups.

AMPHITRYON.

Il faut que ce matin, à force de trop boire,
    Il se soit troublé le Cerueau.

SOSIE.

Ie veux estre pendu, si i'ay beu que de l'eau:
    A mon serment, on m'en peut croire.

AMPHITRYON.

Il faut donc qu'au sommeil, tes sens se soient portez
Et qu'vn Songe fâcheux, dans ses confus mysteres,
    T'ait fait voir toutes les chimeres,
    Dont tu me fais des veritez.

SOSIE.

Tout aussi peu. Ie n'ay point sommeillé;
    Et n'en ay mesme aucune enuie.
    Ie vous parle bien éueillé,
I'estois bien éueillé ce matin, sur ma vie.
Et bien éueillé mesme estoit l'autre Sosie,
    Quand il m'a si bien étrillé.

AMPHITRYON.

Suy-moy, ie t'impose silence.

COMEDIE.

C'eſt trop me fatiguer l'Eſprit.
Et ie ſuis vn vray Fou, d'auoir la patience,
D'écouter d'vn Valet, les ſottiſes qu'il dit.

SOSIE.

Tous les diſcours ſont des ſottiſes,
Partant d'vn Homme ſans éclat.
Ce ſeroit paroles exquiſes,
Si c'eſtoit vn Grand qui parlaſt.

AMPHITRYON.

Entrons, ſans dauantage attendre.
Mais Alcméne paroiſt auec tous ſes appas:
En ce moment, ſans doute, elle ne m'attend pas,
Et mon abord la va ſurprendre.

SCENE III.

ALCMENE, CLEANTHIS, AMPHITRYON, SOSIE.

ALCMENE.

Allons pour mō Epous, Cleanthis, vers les Dieux,
Nous acquiter de nos hommages;
Et les remercier des ſuccés glorieux,
Dont Thebes, par ſon Bras, goûte les auantages.
O Dieux !

AMPHITRYON.

Faſſe le Ciel, qu'Amphitryon vainqueur,
Auec plaiſir ſoit reueu de ſa Femme;
Et que ce jour fauorable à ma flame,
Vous redonne à mes yeux, auec le meſme cœur:
Que i'y retrouue autant d'ardeur,

D ij

AMPHITRYON,
Que vous en raporte mon Ame.
ALCMENE.
Quoy ! de retour si-tost ?
AMPHITRYON.
Certes, c'est en ce jour,
Me donner de vos feux, vn mauuais témoignage;
Et ce *Quoy si-tost de retour*,
En ces occasions, n'est guere le langage
D'vn Cœur bien enflâmé d'amour.
I'osois me flater en moy-meme,
Que loin de vous i'aurois trop demeuré.
L'attente d'vn retour ardemment desiré,
Donne à tous les instans vne longueur extréme;
Et l'absence de ce qu'on aime,
Quelque peu qu'elle dure, a toûjours trop duré.
ALCMENE.
Ie ne voy......
AMPHITRYON.
Non, Alcméne, à son impatience,
On mesure le temps en de pareils états;
Et vous contez les momens de l'absence,
En Personne qui n'aime pas.
Lors que l'on aime comme il faut,
Le moindre éloignement nous tuë;
Et ce dont on cherit la veuë,
Ne reuient iamais assez tost.
De vostre accueil, ie le confesse,
Se plaint icy mon amoureuse ardeur;
Et i'attendois de vostre Cœur,
D'autres transports de joye, & de tendresse.
ALCMENE.
I'ay peine à comprendre surquoy
Vous fondez les discours que ie vous entens faire;
Et si vous vous plaignez de moy,

COMEDIE.

Ie ne sçay pas, de bonne foy,
Ce qu'il faut, pour vous satisfaire.
Hier au soir, ce me semble, à vostre heureux retour,
On me vit témoigner vne joye assez tendre;
Et rendre aux soins de vostre amour,
Tout ce que de mō Cœur, vous auiez lieu d'attendre.

AMPHITRYON.

Comment ?

ALCMENE.

Ne fis-je pas éclater à vos yeux,
Les soudains mouuemens d'vne entiere allegresse?
Et le transport d'vn Cœur peut-il s'expliquer mieux,
Au retour d'vn Epous, qu'on aime auec tendresse?

AMPHITRYON.

Que me dites-vous là ?

ALCMENE.

Que mesme vostre amour
Montra, de mon accueil, vne joye incroyable;
Et que m'ayant quittée à la pointe du jour,
Ie ne voy pas qu'à ce soudain retour,
Ma surprise soit si coupable.

AMPHITRYON.

Est-ce que du retour, que i'ay précipité,
Vn Songe, cette nuit, Alcméne, dans vostre Ame,
A préuenu la verité ?
Et que m'ayant, peut-estre, en dormant, bien traité,
Vostre Cœur se croit, vers ma flame,
Assez amplement acquité ?

ALCMENE.

Est-ce qu'vne vapeur, par sa malignité,
Amphitryon, a dans vostre Ame,
Du retour d'hyer au soir, broüillé la verité?
Et que du doux accueil duquel ie m'acquitay,
Vostre Cœur prétend à ma flame,

AMPHITRYON,

Rauir toute l'honnesteté ?

AMPHITRYON.

Cette vapeur, dont vous me régalez,
Est vn peu, ce me semble, étrange.

ALCMENE.

C'est ce qu'on peut donner pour change,
Au Songe dont vous me parlez.

AMPHITRYON.

A moins d'vn Songe, on ne peut pas, sans doute,
Excuser ce qu'icy, vostre bouche me dit.

ALCMENE.

A moins d'vne vapeur, qui vous trouble l'Esprit,
On ne peut pas sauuer, ce que de vous i'écoute.

AMPHITRYON.

Laissons vn peu cette vapeur, Alcméne.

ALCMENE.

Laissons vn peu ce Songe, Amphitryon.

AMPHITRYON.

Sur le sujet dont il est question,
Il n'est guére de jeu, que trop loin on ne meine.

ALCMENE.

Sans doute ; & pour marque certaine,
Ie commence à sentir vn peu d'émotion.

AMPHITRYON.

Est-ce donc que par là, vous voulez essayer,
A reparer l'accueil dont ie vous ay fait plainte ?

ALCMENE.

Est-ce donc que par cette feinte,
Vous desirez vous égayer ?

AMPHITRYON.

Ah ! de grace, cessons, Alcméne, ie vous prie,
Et parlons sérieusement.

ALCMENE.

Amphitryon, c'est trop pousser l'amusement,

COMEDIE.

Finissons cette raillerie.
AMPHITRYON.
Quoy! vous osez me soûtenir en face,
Que plutost qu'à cette heure, on m'ait icy pû voir?
ALCMENE.
Quoy! vous voulez nier auec audace,
Que dés hyer, en ces Lieux, vous vinstes sur le soir?
AMPHITRYON.
Moy, ie vins hyer?
ALCMENE.
Sans doute. Et dés deuant l'Aurore,
Vous vous en estes retourné.
AMPHITRYON.
Ciel! vn pareil debat s'est-il pû voir encore!
Et qui, de tout cecy, ne seroit étonné?
Sosie?

SOSIE.
Elle a besoin de six grains d'Elébore,
Monsieur, son Esprit est tourné!
AMPHITRYON.
Alcméne, au nom de tous les Dieux,
Ce discours a d'étranges suites,
Reprenez vos sens vn peu mieux;
Et pensez à ce que vous dites.
ALCMENE.
I'y pense meurement aussy,
Et tous ceux du Logis ont veu vostre arriuée.
I'ignore quel motif vous fait agir ainsy:
Mais si la chose auoit besoin d'estre prouuée;
S'il estoit vray qu'on pût ne s'en souuenir pas;
De qui puis-je tenir, que de vous, la nouuelle
Du dernier de tous vos Combats?
Et les cinq Diamans que portoit Ptérelas,
Qu'a fait, dans la Nuit eternelle,

AMPHITRYON,

Tomber l'effort de voſtre Bras?
En pourroit-on vouloir vn plus ſeur témoignage?
AMPHITRYON.
Quoy! ie vous ay déja donné
Le Nœud de Diamans que i'eus pour mon partage,
Et que ie vous ay deſtiné?
ALCMENE.
Aſſurément. Il n'eſt pas difficile
De vous en bien conuaincre.
AMPHITRYON.
Et comment?
ALCMENE.
Le voicy.
AMPHITRYON.
Soſie!
SOSIE.
Elle ſe moque, & ie le tiens icy;
Monſieur, la feinte eſt inutile.
AMPHITRYON.
Le Cachet eſt entier.
ALCMENE.
Eſt-ce vne Viſion?
Tenez. Trouuerez-vous cette preuue aſſez forte?
AMPHITRYON.
Ah Ciel! ô juſte Ciel!
ALCMENE.
Allez, Amphitryon,
Vous vous moquez, d'en vſer de la ſorte;
Et vous en déuriez auoir confuſion.
AMPHITRYON.
Romps viſte ce Cachet.
Ayant ouuert   SOSIE.
le Coffret.   Ma foy, la place eſt vuide.
Il faut que par Magic on ait ſçeu le tirer:

COMEDIE.

Ou bien que de luy-mesme, il soit venu sans guide,
Vers celle qu'il a sçeu qu'on en vouloit parer.

AMPHITRYON.

O Dieux, dont le pouuoir sur les choses préside,
Quelle est cette auanture! & qu'en puis-je augurer,
Dont mon amour ne s'intimide!

SOSIE.

Si sa bouche dit vray, nous auons mesme sort;
Et de mesme que moy, Monsieur, vous estes double.

AMPHITRYON.

Tay-toy.

ALCMENE.

Surquoy vous étonner si fort?
Et d'où peut naistre ce grand trouble!

AMPHITRYON.

O Ciel! quel étrange embarras!
Ie voy des incidens qui passent la Nature;
Et mon honneur redoute vne auanture,
Que mon Esprit ne comprend pas!

ALCMENE.

Songez-vous, en tenant cette preuue sensible,
A me nier encor vostre retour pressé?

AMPHITRYON.

Non ; mais à ce retour, daignez, s'il est possible,
Me conter ce qui s'est passé.

ALCMENE.

Puis que vous demandez vn recit de la chose,
Vous voulez dire donc que ce n'estoit pas vous?

AMPHITRYON.

Pardonnez-moy; mais i'ay certaine cause,
Qui me fait demander ce recit entre nous.

ALCMENE.

Les soucis importans, qui vous peuuent saisir,
Vous ont-ils fait si viste en perdre la memoire?

AMPHITRYON.
Peut-estre; mais enfin, vous me ferez plaisir
De m'en dire toute l'Histoire.
ALCMENE.
L'Histoire n'est pas longue. A vous ie m'auançay,
Pleine d'vne aimable surprise:
Tendrement ie vous embrassay;
Et témoignay ma joye, à plus d'vne reprise.
AMPHITRYON *en soy-mesme.*
Ah! d'vn si doux accueil ie me serois passé.
ALCMENE.
Vous me fistes d'abord ce Présent d'importance,
Que du Butin conquis vous m'auiez destiné.
Vostre Cœur, auec vehemence,
M'étala de ses feux toute la violence,
Et les soins importans qui l'auoient enchaisné;
L'aise de me reuoir; les tourmens de l'absence;
Tout le soucy, que son impatience,
Pour le retour, s'estoit donné.
Et iamais vostre amour, en pareille occurence,
Ne me parut si tendre, & si passionné.
AMPHITRYON *en soy-mesme.*
Peut-on plus viuement se voir assassiné!
ALCMENE.
Tous ces transports, toute cette tendresse,
Comme vous croyez bien, ne me déplaisoient pas:
Et s'il faut que ie le confesse,
Mon Cœur, Amphitryon, y trouuoit mille appas.
AMPHITRYON.
En suite, s'il vous plaist.
ALCMENE.
Nous nous entrecoupâmes
De mille Questions, qui pouuoient nous toucher.
On seruit. Teste à teste, ensemble nous soupâmes;

COMEDIE.

Et le Soupé finy, nous nous fûmes coucher.
AMPHITRYON.
Ensemble?
ALCMENE.
Assurément. Quelle est cette demande?
AMPHITRYON.
Ah! c'est icy le coup le plus cruel de tous!
Et dont à s'assurer, trembloit mon feu jalous!
ALCMENE.
D'où vous vient, à ce mot, vne rougeur si grande?
Ay-je fait quelque mal, de coucher auec vous?
AMPHITRYON.
Non, ce n'estoit pas moy, pour ma douleur sensible,
Et qui dit qu'hyer icy mes pas se sont portez,
   Dit, de toutes les faussetez,
   La fausseté la plus horrible.
ALCMENE.
Amphitryon!
AMPHITRYON.
Perfide!
ALCMENE.
Ah! quel emportement!
AMPHITRYON.
Non, non, plus de douceur, & plus de déference.
Ce reuers vient à bout de toute ma constance,
Et mon Cœur ne respire, en ce fatal moment,
   Et que fureur, & que vangeance.
ALCMENE.
De qui donc vous vanger? & quel manque de foy,
  Vous fait icy me traiter de coupable?
AMPHITRYON.
Ie ne sçay pas : mais ce n'estoit pas moy;
Et c'est vn desespoir, qui de tout rend capable.

ALCMENE.

Allez, indigne Epous, le fait parle de soy;
    Et l'imposture est effroyable.
    C'est trop me pousser là-dessus;
Et d'infidélité, me voir trop condamnée.
    Si vous cherchez, dans ces transports confus,
Vn prétexte à briser les nœuds d'vn Hymenée,
    Qui me tient à vous enchaisnée;
    Tous ces détours sont superflus:
    Et me voila déterminée,
A souffrir qu'en ce jour, nos liens soient rompus.

AMPHITRYON.

Apres l'indigne affront que l'on me fait connoistre,
C'est bien à quoy, sans doute, il faut vous préparer.
C'est le moins qu'ô doit voir; & les choses, peut-estre,
    Pourront n'en pas là demeurer.
Le des-honneur est seur; mon malheur m'est visible,
Et mon amour en vain voudroit me l'obscurcir.
Mais le détail encor ne m'en est pas sensible;
Et mon juste courrous prétend s'en éclaircir.
Vostre Frere déja, peut hautement répondre,
Que jusqu'à ce matin, ie ne l'ay point quitté.
Ie m'en vais le chercher, afin de vous confondre,
Sur ce retour, qui m'est faussement imputé.
Apres nous percerons jusqu'au fond d'vn mystere
    Iusques à present inoüy;
Et dans les mouuemens d'vne juste colere,
    Malheur à qui m'aura trahy.

SOSIE.

Monsieur....

AMPHITRYON.

    Ne m'accompagne pas;
Et demeure icy, pour m'attendre.

CLEANTHIS

COMEDIE.
CLEANTHIS.
Faut-il...
ALCMENE.
Ie ne puis rien entendre:
Laisse-moy seule, & ne suy point mes pas.

SCENE III.
CLEANTHIS, SOSIE.
CLEANTHIS.
IL faut que quelque chose ait broüillé sa cervelle:
Mais le Frere, sur le champ,
Finira cette querelle.
SOSIE.
C'est icy, pour mon Maistre, vn coup assez touchant;
Et son auanture est cruelle.
Ie crains fort, pour mõ fait, quelque chose aprochãt,
Et ie m'en veux, tout doux, éclaircir auec elle.
CLEANTHIS.
Voyez s'il me viendra seulement aborder?
Mais ie veux m'empescher de rien faire paroistre.
SOSIE.
La chose quelquefois est fâcheuse à connoistre,
Et ie tremble à la demander.
Ne vaudroit-il point mieux, pour ne rien hazarder,
Ignorer ce qu'il en peut estre?
Allons, tout coup vaille, il faut voir,
Et ie ne m'en sçaurois defendre.
La foiblesse humaine est d'auoir
Des curiositez d'apprendre

E

AMPHITRYON,

Ce qu'on ne voudroit pas sçauoir.
Dieu te gard', Cleanthis.

CLEANTHIS.

Ah, ah, tu t'en auifes,
Traiftre, de t'aprocher de nous!

SOSIE.

Mon Dieu, qu'as-tu? toûjours on te voit en courrous,
Et fur rien, tu te formalifes.

CLEANTHIS.

Qu'appelles-tu fur rien? dy?

SOSIE.

J'appelle fur rien,
Ce qui fur rien s'appelle en Vers, ainfi qu'en Profe;
Et rien, comme tu le fçais bien,
Veut dire rien, ou peu de chofe.

CLEANTHIS.

Ie ne fçay qui me tient, Infame,
Que ie ne t'arrache les yeux;
Et ne t'apprenne où va le courrous d'vne Femme.

SOSIE.

Hola. D'où te vient donc ce tranfport furieux?

CLEANTHIS.

Tu n'appelles donc rien le procedé, peut-eftre,
Qu'auec moy ton Cœur a tenu?

SOSIE.

Et quel?

CLEANTHIS.

Quoy! tu fais l'ingénu!
Eft-ce qu'à l'exemple du Maiftre,
Tu veux dire qu'icy tu n'es pas reuenu?

SOSIE.

Non, ie fçay fort bien le contraire.
Mais ie ne t'en fais pas le fin;
Nous auions bû de ie ne fçay quel Vin,

COMEDIE.

Qui m'a fait oublier tout ce que i'ay pû faire.
CLEANTHIS.
Tu crois, peut-estre, excuser par ce trait...
SOSIE.
Non, tout de bon; tu m'en peux croire.
J'estois dans vn estat, où ie puis auoir fait
Des choses, dont i'aurois regret,
Et dont ie n'ay nulle memoire.
CLEANTHIS.
Tu ne te souuiens point du tout de la maniere,
Dont tu m'as sçeu traiter, estant venu du Port?
SOSIE.
Non plus que rien. Tu peux m'en faire le raport.
Ie suis équitable, & sincére;
Et me condamneray moy-mesme, si i'ay tort.
CLEANTHIS.
Comment! Amphitryon m'ayant sçeu disposer,
Iusqu'à ce que tu vins, i'auois poussé ma veille:
Mais ie ne vis iamais vne froideur pareille:
De ta Femme, il fallut moy-mesme t'auiser;
Et lors que ie fus te baiser,
Tu détournas le nez, & me donnas l'oreille!
SOSIE.
Bon!
CLEANTHIS.
Comment, bon?
SOSIE.
Mon Dieu, tu ne sçais pas pourquoy,
Cleanthis, ie tiens ce langage.
I'auois mangé de l'Ail, & fis en Homme sage,
De détourner vn peu mon haleine de toy.
CLEANTHIS.
Ie te sçeus exprimer des tendresses de Cœur:
Mais à tous mes discours tu fus comme vne Souche.

E ij

AMPHITRYON,

Et iamais vn mot de douceur,
Ne te pût sortir de la bouche.

SOSIE.

Courage.

CLEANTHIS.

Enfin ma flame eut beau s'émanciper,
Sa chaste ardeur en toy ne trouua rien que glace,
Et dans vn tel retour ie te vis la tromper,
Iusqu'à faire refus de prendre au Lit la place,
Que les Loix de l'Hymen t'obligent d'occuper.

SOSIE.

Quoy! ie ne couchay point….

CLEANTHIS.

Non, Lâche.

SOSIE.

Est-il possible!

CLEANTHIS.

Traistre, il n'est que trop asseuré.
C'est de tous les affronts, l'affront le plus sensible.
Et loin que ce matin, ton Cœur l'ait reparé,
Tu t'es d'auec moy separé,
Par des discours chargez d'vn mépris tout visible.

SOSIE.

Viuat, Sosie !

CLEANTHIS.

Hé quoy! ma plainte a cet effet?
Tu ris aprés ce bel Ouurage?

SOSIE.

Que ie suis de moy satisfait!

CLEANTHIS.

Exprime-t-on ainsi le regret d'vn outrage?

SOSIE.

Ie n'aurois iamais crû que i'eusse été si sage.

COMEDIE.

CLEANTHIS.
Loin de te condamner d'vn si perfide trait,
Tu m'en fais éclater la joye en ton visage.
SOSIE.
Mon Dieu, tout doucement. Si ie parois joyeux,
Croy que i'en ay dans l'Ame vne raison tres-forte,
Et que sans y penser, ie ne fis iamais mieux,
Que d'en vser tantost auec toy de la sorte.
CLEANTHIS.
Traistre, te moques-tu de moy?
ALCMENE.
Non, ie te parle auec franchise.
En l'état où i'estois, i'auois certain éfroy,
Dont, auec ton discours, mon Ame s'est remise.
Ie m'apprehendois fort, & craignois qu'auec toy
Ie n'eusse fait quelque sottise.
CLEANTHIS.
Quelle est cette frayeur? & sçachons donc pourquoy?
SOSIE.
Les Medecins disent, quand on est yure,
Que de sa Femme on se doit abstenir;
Et que dans cet état, il ne peut prouenir,
Que des Enfans pesans, & qui ne sçauroient viure.
Voy, si mon Cœur n'eut sçeu de froideur se munir,
Quels inconueniens auroient pû s'en ensuiure?
CLEANTHIS.
Ie me moque des Medecins,
Auec leurs raisonnemens fades.
Qu'ils reglent ceux qui sont malades,
Sans vouloir gouuerner les Gens qui sont bien sains;
Ils se meslent de trop d'Affaires,
De prétendre tenir nos chastes feux gesnez;
Et sur les Iours Caniculaires,
Ils nous donnent encor, auec leurs Loix seueres,

E iij

De cent sots contes par le nez.

SOSIE.

Tout doux.

CLEANTHIS.

Non, ie soûtiens, que cela conclut mal,
Ces raisons sont raisons d'extrauagantes Testes.
Il n'est ny Vin, ny temps, qui puisse estre fatal,
A remplir le deuoir de l'Amour conjugal;
  Et les Medecins sont des Bestes.

SOSIE.

Contr'eux, ie t'en suplie, appaise ton courrous.
Ce sont d'hônestes Gens, quoy que le Môde en dise.

CLEANTHIS.

Tu n'es pas où tu crois. En vain tu files dous.
Ton excuse n'est point vne excuse de mise:
Et ie me veux vanger, tost ou tard, entre nous,
De l'air dont chaque jour ie voy qu'on me méprise.
Des discours de tantost, ie garde tous les coups;
Et tâcheray d'vser, lâche & perfide Epous,
De cette liberté que ton Cœur m'a permise.

SOSIE.

Quoy ?

CLEANTHIS.

Tu m'as dit tantost, que tu consentois fort,
 Lâche, que i'en aimasse vn autre.

SOSIE.

Ah ! pour cet Article, i'ay tort.
Ie m'en dédis ; il y va trop du nostre.
Garde-toy bien de suiure ce transport.

CLEANTHIS.

Si ie puis vne fois pourtant,
Sur mon Esprit gagner la chose,...

COMEDIE.
SOSIE.
Fais à ce discours quelque pause:
Amphitryon reuient, qui me paroist content.

SCENE IV.
IVPITER, CLEANTHIS, SOSIE.
IVPITER.

IE viens prendre le temps de rapaiser Alcméne;
De bannir les chagrins, que son Cœur veut garder;
Et donner à mes feux, dans ce soin qui m'améne,
   Le doux plaisir de se racommoder.
   Alcméne est là-haut, n'est-ce pas?
CLEANTHIS.
   Oüy, pleine d'vne inquiétude,
   Qui cherche de la solitude;
Et qui m'a defendu d'accompagner ses pas.
IVPITER.
   Quelque defense qu'elle ait faite,
   Elle ne sera pas pour moy.
CLEANTHIS.
Son chagrin, à ce que ie voy,
A fait vne prompte retraite.

AMPHITRYON,

SCENE V.
CLEANTHIS, SOSIE.

SOSIE.

Que dis-tu, Cleanthis, de ce joyeux maintien,
Apres son fracas effroyable?

CLEANTHIS.

Que si toutes nous faisions bien,
Nous donnerions tous les Hommes au Diable,
Et que le meilleur n'en vaut rien.

SOSIE.

Cela se dit dans le courrous:
Mais aux Hommes, par trop, vous estes acrochées;
Et vous feriez, ma foy, toutes bien empeschées,
Si le Diable les prenoit tous.

CLEANTHIS.

Vrayment....

SOSIE.

Les voicy. Taisons-nous.

SCENE VI.

IVPITER, ALCMENE, CLEANTHIS, SOSIE.

IVPITER.

Voulez-vous me defefperer?
Helas! arreftez, belle Alcméne.

ALCMENE.

Non, auec l'Autheur de ma peine,
Ie ne puis du tout demeurer.

IVPITER.

De grace....

ALCMENE.

Laiffez-moy.

IVPITER.

Quoy....

ALCMENE.

Laiffez-moy, vous dy-je.

IVPITER.

Ses pleurs touchēt mon Ame, & fa douleur m'afflige.
Souffrez que mon Cœur....

ALCMENE.

Non, ne fuiuez point mes pas.

IVPITER.

Où voulez-vous aller?

ALCMENE.

Où vous ne ferez pas.

IVPITER.

Ce vous eft vne attente vaine.

Ie tiens à vos Beautez, par vn nœud trop ferré,
Pour pouuoir vn moment en eſtre ſeparé;
  Ie vous ſuiuray par tout, Alcméne.
    ALCMENE.
 Et moy, par tout, ie vous fuyray.
    IVPITER.
 Ie ſuis donc bien épouuantable?
    ALCMENE.
 Plus qu'on ne peut dire, à mes yeux.
Oüy, ie vous voy, comme vn Monſtre éfroyable,
 Vn Monſtre cruel, furieux,
 Et dont l'approche eſt redoutable;
 Comme vn Monſtre à fuir en tous Lieux.
Mon Cœur ſouffre, à vous voir, vne peine incroyable,
 C'eſt vn ſuplice, qui m'accable;
 Et ie ne voy rien, ſous les Cieux,
 D'affreux, d'horrible, d'odieux,
Qui ne me fuſt, plus que vous, ſuportable.
    IVPITER.
En voila bien, helas! que voſtre bouche dit!
    ALCMENE.
 I'en ay dans le Cœur dauantage.
Et pour s'exprimer tout, ce Cœur a du dépit,
 De ne point trouuer de langage.
    IVPITER.
 Hé! que vous a donc fait ma flame,
Pour me pouuoir, Alcméne, en Monſtre regarder?
    ALCMENE.
Ah! juſte Ciel! cela peut-il ſe demander?
Et n'eſt-ce pas pour mettre à bout vne Ame?
    IVPITER.
 Ah! d'vn Eſprit plus adoucy....
    ALCMENE.
Non, ie ne veux, du tout, vous voir, ny vous entendre

COMEDIE.
IVPITER.
Auez-vous bien le cœur de me traiter ainsy?
Est-ce là cet amour si tendre,
Qui deuoit tant durer, quand ie vins hyer icy?
ALCMENE.
Non, non, ce ne l'est pas; & vos lâches injures
En ont autrement ordonné.
Il n'est plus, cet amour tendre, & passionné;
Vous l'auez dãs mon Cœur, par cent viues blessures,
Cruellement assassiné.
C'est en sa place vn courrous inflexible;
Vn vif ressentiment; vn dépit inuincible;
Vn desespoir d'vn Cœur justement animé;
Qui prétend vous haïr, pour cet affront sensible,
Autant qu'il est d'accord de vous auoir aimé:
Et c'est haïr, autant qu'il est possible.
IVPITER.
Helas! que vostre amour n'auoit guére de force,
Si de si peu de chose on le peut voir mourir!
Ce qui n'estoit que jeu, doit-il faire vn diuorce,
Et d'vne raillerie, a-t-on lieu de s'aigrir?
ALCMENE.
Ah! c'est cela dont ie suis offencée;
Et que ne peut pardonner mon courrous.
Des veritables traits d'vn mouuement jalous,
Ie me trouuerois moins blessée.
La Ialousie a des impressions,
Dont bien souuent la force nous entraisne;
Et l'Ame la plus sage en ces occasions,
Sans doute, auec assez de peine,
Répond de ses émotions.
L'emportement d'vn Cœur, qui peut s'estre abusé,
A dequoy ramener vne Ame, qu'il offence;
Et dans l'amour qui luy donne naissance,

Il trouue au moins, malgré toute sa violence,
    Des raisons pour estre excusé.
De semblables transports, contre vn ressentiment,
Pour defense toûjours, ont ce qui les fait naistre;
    Et l'on donne grace, aisément,
    A ce dont on n'est pas le Maistre.
    Mais que de gayeté de cœur,
On passe aux mouuemens d'vne fureur extréme;
Que sans cause l'on vienne, auec tant de rigueur,
    Blesser la tendresse, & l'honneur
    D'vn Cœur, qui cherement nous aime?
    Ah! c'est vn coup trop cruel en luy-mesme;
Et que iamais n'oubliera ma douleur.

IVPITER.

Oüy, vous auez raison, Alcméne, il se faut rendre,
Cette action, sans doute, est vn crime odieux.
    Ie ne prétens plus le défendre:
Mais souffrez que mō Cœur s'en défende à vos yeux
    Et donne au vostre à qui se prendre,
    De ce transport injurieux.
    A vous en faire vn aueu veritable,
    L'Epous, Alcméne, a commis tout le mal.
C'est l'Epous, qu'il vous faut regarder en coupable,
L'Amant n'a point de part à ce transport brutal;
Et de vous offenser, son Cœur n'est point capable.
Il a pour vous, ce Cœur, pour iamais y penser,
    Trop de respect, & de tendresse:
Et si de faire rien à vous pouuoir blesser,
    Il auoit eu la coupable foiblesse,
De cent coups à vos yeux il voudroit le percer.
Mais l'Epous est sorty de ce respect soûmis,
    Où pour vous on doit toûjours estre.
A son dur procedé, l'Epous s'est fait connoistre,
Et par le droict d'Hymen, il s'est crû tout permis.

Oüy, c'est luy qui, sans doute, est criminel vers vous.
Luy seul a mal-traitté vostre aimable Personne.
  Haïssez, détestez l'Epoux;
  I'y consens, & vous l'abandonne:
Mais, Alcméne, sauuez l'Amant de ce courrous,
  Qu'vne telle offense vous donne.
  N'en jettez pas sur luy l'effet.
  Démeslez-le vn peu du coupable;
  Et pour estre enfin équitable,
Ne le punissez point, de ce qu'il n'a pas fait.
   ALCMENE.
  Ah! toutes ces subtilitez
  N'ont que des excuses friuoles;
  Et pour les Esprits irritez,
Ce sont des contre-temps, que de telles paroles.
Ce détour ridicule est en vain pris par vous.
Ie ne distingue rien en celuy qui m'offence.
  Tout y deuient l'objet de mon courrous;
  Et dans sa juste violence,
  Sont confondus, & l'Amant, & l'Epous.
Tous deux de mesme sorte occupent ma pensée;
Et des mesmes couleurs, par mon Ame blessée,
  Tous deux ils sont peints à mes yeux.
Tous deux sont criminels; tous deux m'ont offensée;
  Et tous deux me sont odieux.
   IVPITER.
  Hé bien, puis que vous le voulez,
  Il faut donc me charger du crime.
Oüy, vous auez raison, lors que vous m'immolez
A vos ressentimens, en coupable Victime.
Vn trop juste dépit contre moy vous anime;
Et tout ce grand courrous, qu'icy vous étalez,
Ne me fait endurer qu'vn tourment legitime.
  C'est auec droict que mon abord vous chasse;
        F

Et que de me fuir en tous Lieux,
Voſtre colere me menace.
Ie dois vous eſtre vn Objet odieux.
Vous deuez me vouloir vn mal prodigieux.
Il n'eſt aucune horreur, que mon forfait ne paſſe,
D'auoir offenſé vos beaux yeux.
C'eſt vn crime à bleſſer les Hommes, & les Dieux,
Et ie merite enfin, pour punir cette audace,
Que contre moy voſtre haine ramaſſe
Tous ſes traits les plus furieux:
Mais mon Cœur vous demande grace.
Pour vous la demander, ie me jette à genous;
Et la demande au nom de la plus viue flame,
Du plus tendre amour, dont vne Ame
Puiſſe iamais brûler pour vous.
Si voſtre Cœur, charmante Alcméne,
Me refuſe la grace, où i'oſe recourir;
Il faut qu'vne atteinte ſoudaine,
M'arrache, en me faiſant mourir,
Aux dures rigueurs d'vne peine,
Que ie ne ſçaurois plus ſouffrir.
Oüy, cet état me deſeſpere;
Alcméne, ne préſumez pas,
Qu'aimant, comme ie fais, vos celeſtes appas,
Ie puiſſe viure vn jour auec voſtre colere.
Déja, de ces momens, la barbare longueur,
Fait, ſous des atteintes mortelles,
Succomber tout mon triſte Cœur;
Et de mille Vautours, les bleſſures cruelles,
N'ont rien de comparable à ma viue douleur.
Alcméne, vous n'auez qu'à me le declarer,
S'il n'eſt point de pardon que ie doiue eſperer;
Cette Epée auſſi-toſt, par vn coup fauorable,
Va percer à vos yeux, le Cœur d'vn Miſerable;

Ce Cœur, ce traiſtre Cœur, trop digne d'expirer,
Puis qu'il a pû fâcher vn Objet adorable.
Heureux, en deſcendant au tenebreux ſejour,
Si de voſtre courrous mon trépas vous rameine;
Et ne laiſſe en voſtre Ame, apres ce triſte jour,
  Aucune impreſſion de haine,
  Au ſouuenir de mon amour.
C'eſt tout ce que j'attens, pour faueur ſouueraine.
ALCMENE.
Ah! trop cruel Epous!
IVPITER.
   Dites, parlez, Alcméne.
IVPITER.
Faut-il encor pour vous, conſeruer des bontez;
Et vous voir m'outrager, par tant d'indignitez?
IVPITER.
Quelque reſſentiment, qu'vn outrage nous cauſe,
Tient-il côtre vn remords d'vn Cœur bien enflamé?
ALCMENE.
Vn Cœur bien plein de flame, à mille morts s'expoſe,
Plutoſt que de vouloir fâcher l'Objet aimé.
IVPITER.
Plus on aime quelqu'vn, moins on trouue de peine.
ALCMENE.
Non, ne m'en parlez point, vous meritez ma haine.
IVPITER.
Vous me haïſſez donc?
ALCMENE.
   J'y fais tout mon effort;
Et j'ay dépit de voir, que toute voſtre offence
Ne puiſſe de mon Cœur, juſqu'à cette vangeance,
  Faire encor aller le tranſport.
IVPITER.
  Mais pourquoy cette violence,

AMPHITRYON,

Puis que pour vous vanger, ie vous offre ma mort?
Prononcez-en l'Arreſt, & i'obeïs ſur l'heure.
ALCMENE.
Qui ne ſçauroit haïr, peut-il vouloir qu'on meure?
IVPITER.
Et moy, ie ne puis viure, à moins que vous quittiez
  Cette colere qui m'accable;
Et que vous m'accordiez le pardon fauorable,
  Que ie vous demande à vos piez.
  Reſoluez icy l'vn des deux,
  Ou de punir, ou bien d'abſoudre.
ALCMENE.
  Helas! ce que ie puis reſoudre,
  Paroiſt bien plus, que ie ne veux!
Pour vouloir ſoûtenir le courrous qu'on me donne,
  Mon Cœur a trop ſçeu me trahir.
  Dire qu'on ne ſçauroit haïr,
  N'eſt-ce pas dire qu'on pardonne?
IVPITER.
Ah! belle Alcméne, il faut que comblé d'allégreſſe...
ALCMENE.
Laiſſez. Ie me veux mal de mon trop de foibleſſe.
IVPITER.
  Va, Soſie, & dépeſche-toy,
Voir, dãs les doux trãſports dõt mõ Ame eſt charmée,
Ce que tu trouueras d'Officiers de l'Armée;
  Et les inuite à diſner auec moy.
  Tandis que d'icy ie le chaſſe,
  Mercure y remplira ſa place.

COMEDIE.

SCENE VII.
CLEANTHIS, SOSIE.

SOSIE.
HE' bien, tu vois, Cleanthis, ce ménage.
Veux-tu, qu'à leur exemple icy,
Nous fassions entre nous vn peu de paix aussy?
Quelque petit rapatriage?
CLEANTHIS.
est pour ton nez, vrayment. Cela se fait ainsy.
SOSIE.
uoy! tu ne veux pas?
CLEANTHIS.
Non.
SOSIE.
Il ne m'importe guére,
Tant-pis pour toy.
CLEANTHIS.
Là, là, reuien.
SOSIE.
Non, morbleu, ie n'en feray rien;
Et ie veux estre, à mon tour, en colere.
CLEANTHIS.
Va, va, Traistre, laisse-moy faire;
n se lasse, par fois, d'estre Femme de bien.

Fin du Second Acte.

F iij

ACTE III.

SCENE PREMIERE.

AMPHITRYON.

Vy, sans doute, le Sort tout exprés me le cache;
Et des tours que ie fais, à la fin, ie suis las.
Il n'est point de Destin plus cruel, que ie sçache.
Ie ne sçaurois trouuer, portant par tout mes pas,
    Celuy qu'à chercher ie m'attache;
Et ie trouue tous ceux que ie ne cherche pas.
Mille Fâcheux cruels, qui ne pensent pas l'estre,
De nos faits, auec moy, sans beaucoup me cōnoistre,
Viennent se réjoüir, pour me faire enrager.
Dans l'embarras cruel du soucy qui me blesse,
De leurs embrassemens, & de leur allegresse,
Sur mon inquiétude, ils viennent tous charger.
    En vain à passer ie m'apreste,
    Pour fuir leurs persécutions.
Leur tuante amitié, de tous costez m'arreste;

COMEDIE.

Et tandis qu'à l'ardeur de leurs expreſſions,
　　Ie répons d'vn geſte de teſte;
Ie leur donne, tout-bas, cent malédictions.
Ah! qu'on eſt peu flaté de loüange, d'honneur,
Et de tout ce que donne vne grande Victoire,
Lors que dans l'Ame on ſouffre vne viue douleur!
Et que l'on donneroit volontiers cette gloire,
　　Pour auoir le repos du Cœur!
　　Ma jalouſie, à tout propos,
　　Me promene ſur ma diſgrace;
　　Et plus mon Eſprit y repaſſe,
Moins i'en puis débroüiller le funeſte cahos.
Le vol des Diamans n'eſt pas ce qui m'étonne:
On leue les Cachets, qu'on ne l'aperçoit pas.
Mais le don, qu'on veut qu'hyer i'en vins faire en
　　perſonne,
Eſt ce qui fait icy mon cruel embarras.
La Nature parfois produit des Reſſemblances,
Dont quelques Impoſteurs ont pris droict d'abuſer:
Mais il eſt hors de ſens, que ſous ces apparences
Vn Homme, pour Epous, ſe puiſſe ſupoſer;
Et dans tous ces raports, ſont mille diferences,
Dont ſe peut vne Femme aiſément auiſer.
　　Des charmes de la Theſſalie,
On vante de tout temps les merueilleux effets:
Mais les contes fameux, qui par tout en ſont faits,
Dans mon Eſprit toûjours ont paſſé pour folie;
Et ce ſeroit du Sort vne étrange rigueur,
　　Qu'au ſortir d'vne ample Victoire,
　　Ie fuſſe contraint de les croire,
　　Aux deſpens de mon propre honneur.
Ie veux la retâter ſur ce fâcheux myſtere;
Et voir ſi ce n'eſt point vne vaine chimere,
Qui ſur ſes ſens troublez ait ſçeu prendre credit,

Ah! fasse le Ciel équitable,
Que ce penser soit veritable;
Et que, pour mon bonheur, elle ait perdu l'Esprit!

SCENE II.
MERCVRE, AMPHITRYON.

MERCVRE.

Comme l'Amour icy ne m'offre aucun plaisir,
Ie m'en veux faire, au moins, qui soient d'autre nature:
Et ie vais égayer mon sérieux loisir,
A mettre Amphitryon hors de toute mesure.
Cela n'est pas d'vn Dieu bien plein de charité:
Mais aussi n'est-ce pas ce dont ie m'inquiéte;
Et ie me sens, par ma Planette,
A la malice vn peu porté.

AMPHITRYON.

D'où vient dóc qu'à cette heure on ferme cette Porte?

MERCVRE.

Hola, tout doucement. Qui frape?

AMPHITRYON.

Moy.

MERCVRE.

Qui, moy?

AMPHITRYON.

Ah! ouure.

MERCVRE.

Comment, ouure? Et qui donc es-tu, toy,
Qui fais tant de vacarme, & parles de la sorte?

AMPHITRYON.

Quoy! tu ne me connois pas?

COMEDIE.

MERCVRE.
Non ;
Et n'en ay pas la moindre enuie.

AMPHITRYON.
Tout le Monde perd-il aujourd'huy la raison?
Est-ce vn mal répandu? Sosie, hola, Sosie.

MERCVRE.
Hé bien, Sosie : oüy, c'est mon nom.
As-tu peur que ie ne l'oublie?

AMPHITRYON.
Me vois-tu bien?

MERCVRE.
Fort bien. Qui peut pousser ton Bras,
A faire vne rumeur si grande?
Et que demandes-tu là-bas?

AMPHITRYON.
Moy, Pendart, ce que ie demande?

MERCVRE.
Que ne demandes-tu donc pas?
Parle, si tu veux qu'on t'entende.

AMPHITRYON.
Attens, Traistre, auec vn Baston
Ie vais là-haut me faire entendre;
Et de bonne façon t'aprendre
A m'oser parler sur ce ton.

MERCVRE.
Toutbeau. Si pour heurter, tu fais la moindre instace,
Ie t'enuoyray d'icy des Messagers fâcheux.

AMPHITRYON.
O Ciel! vit-on iamais vne telle insolence!
La peut-on conceuoir d'vn Seruiteur, d'vn Gueux?

MERCVRE.
Hé bien! qu'est-ce? m'as-tu tout parcouru par ordre?
M'as-tu de tes gros yeux assez consideré?

Comme il les écarquille, & paroist éfaré!
Si des regards on pouuoit mordre,
Il m'auroit déja déchiré.
AMPHITRYON.
Moy-mesme ie frémis de ce que tu t'aprestes,
Auec ces impudens propos.
Que tu grossis pour toy d'éfroyables tempestes!
Quels orages de coups vont fondre sur ton Dos!
MERCVRE.
L'Amy, si de ces Lieux tu ne veux disparoistre,
Tu pourras y gagner quelque contusion.
AMPHITRYON.
Ah! tu sçauras Maraut, à ta confusion,
Ce que c'est qu'vn Valet, qui s'attaque à son Maistre
MERCVRE.
Toy, mon Maistre?
AMPHITRYON.
Oüy, Coquin. M'oses-tu méconnoistre!
MERCVRE.
Ie n'en reconnois point d'autre, qu'Amphitryon.
AMPHITRYON.
Et cet Amphitryon, qui, hors moy, le peut-estre?
MERCVRE.
Amphitryon?
AMPHITRYON.
Sans doute.
MERCVRE.
Ah! quelle vision!
Dy-nous vn peu. Quel est le Cabaret honneste,
Où tu t'es coiffé le cerveau?
AMPHITRYON.
Comment! encor!
MERCVRE.
Estoit-ce vn Vin à faire feste?

AMPHITRYON.

Ciel!

MERCVRE.

Estoit-il vieux, ou nouueau?

AMPHITRYON.

ue de coups!

MERCVRE.

Le nouueau donne fort dans la teste,
Quand on le veut boire sans eau.

AMPHITRYON.

Ah! ie t'arracheray cette Langue, sans doute.

MERCVRE.

Passe, mon cher Amy, croy-moy;
Que quelquelqu'vn icy ne t'écoute.
e respecte le Vin : va-t'en, retire-toy;
t laisse Amphitryon dans les plaisirs qu'il goûte.

AMPHITRYON.

Comment! Amphitryon est là-dedans?

MERCVRE.

Fort bien:
Qui couuert des Lauriers d'vne Victoire pleine,
Est auprés de la belle Alcméne,
A joüir des douceurs d'vn aimable entretien.
Apres le démeslé d'vn amoureux caprice,
Ils goûtent le plaisir de s'estre rajustez.
Garde-toy de troubler leurs douces priuautez,
Si tu ne veux qu'il ne punisse
L'excés de tes témeritez.

SCENE III.

AMPHITRYON.

AH! quel étrange coup m'a-t-il porté dãs l'Ame!
En quel trouble cruel jette-t-il mon Esprit?
Et si les choses sont, comme le Traistre dit,
Où vois-je icy reduits mon honneur, & ma flame?
A quel Party me doit résoudre ma raison?
  Ay-je l'éclat, ou le secret, à prendre?
Et dois-je en mon courrous renfermer, ou répandre
  Le des-honneur de ma Maison?
Ah! faut-il consulter dans vn affront si rude?
Ie n'ay rien à prétendre, & rien à ménager;
  Et toute mon inquiétude
  Ne doit aller qu'à me vanger.

SCENE IV.

SOSIE, NAVCRATES, POLIDAS, AMPHITRYON.

SOSIE.

Monsieur, auec mes soins, tout ce que i'ay pû faire,
C'est de vous amener ces Messieurs que voicy.

AMPHITRYON.

Ah! vous voila?

COMEDIE.

SOSIE.
Monsieur.

AMPHITRYON.
Insolent, temeraire.

SOSIE.
Quoy?

AMPHITRYON.
Ie vous apprendray de me traiter ainsy.

SOSIE.
Qu'est-ce donc? qu'auez-vous?

AMPHITRYON.
Ce que i'ay, Miserable?

SOSIE.
Hola, Messieurs, venez donc tost.

NAVCRATES.
Ah! de grace, arrestez.

SOSIE.
Dequoy suis-je coupable?

AMPHITRYON.
Tu me le demandes, Maraut?
Laissez-moy satisfaire vn courrous legitime.

SOSIE.
Lors que l'on pend quèlqu'vn, on luy dit pourquoy

NAVCRATES. (c'est
Daignez-nous dire, au moins, quel peut estre son

SOSIE. (crime,
Messieurs, tenez bon, s'il vous plaist?

AMPHITRYON.
Comment! il vient d'auoir l'audace,
De me fermer ma Porte au nez?
Et de joindre encor la menace,
A mille propos éfrenez!
Ah! Coquin.

SOSIE.
Ie suis mort.

G

NAVCRATES.
                    Calmez cette colere.
SOSIE.
Meſſieurs.
POLIDAS.
  Qu'eſt-ce?
SOSIE.
                M'a-t-il frapé?
AMPHITRYON.
Non, il faut qu'il ait le ſalaire
Des mots, où tout à l'heure, il s'eſt émancipé.
SOSIE.
Comment cela ſe peut-il faire,
Si i'eſtois par voſtre ordre autre-part ocupé?
Ces Meſſieurs ſont icy, pour rendre témoignage,
Qu'à diſner auec vous, ie les viens d'inuiter.
NAVCRATES.
Il eſt vray qu'il nous vient de faire ce meſſage;
Et n'a point voulu nous quitter.
AMPHITRYON.
Qui t'a donné cet Ordre?
SOSIE.
                Vous.
AMPHITRYON.
Et quand?
SOSIE.
        Apres voſtre paix faite,
Au milieu des tranſports d'vne Ame ſatisfaite,
D'auoir d'Alcméne apaiſé le courrous.
AMPHITRYON.
O Ciel! chaque inſtant, chaque pas,
Adjoûte quelque choſe à mon cruel martyre!
Et dans ce fatal embarras,
Ie ne ſçay plus que croire, ny que dire.

COMEDIE.

NAVCRATES.
Tout ce que de chez vous, il vient de nous conter,
Surpasse si fort la Nature,
Qu'auant que de rien faire, & de vous emporter,
Vous deuez éclaircir toute cette auanture.

AMPHITRYON.
Allons, vous y pourrez seconder mon effort;
Et le Ciel à propos, icy vous a fait rendre.
Voyons quelle fortune en ce jour peut m'attendre.
Débroüillons ce mystere, & sçachons nostre Sort.
Helas! ie brûle de l'apprendre;
Et ie le crains plus que la Mort!

SCENE V.
IVPITER, AMPHITRYON, NAVCRATES, POLIDAS, SOSIE.

IVPITER.
Qvel bruit à descendre m'oblige?
Et qui frape en Maistre où ie suis?

AMPHITRYON.
Que vois-je, justes Dieux!

NAVCRATES.
Ciel! quel est ce prodige!
Quoy! deux Amphitryons icy nous sont produis!

AMPHITRYON.
Mon Ame demeure transie.
Helas! ie n'en puis plus; l'auanture est à bout:
Ma Destinée est éclaircie;
Et ce que ie voy, me dit tout.

NAVCRATES.
Plus mes regards sur eux s'attachent fortement,
Plus ie trouue qu'en tout, l'vn à l'autre est semblable.

SOSIE.
Meſſieurs, voicy le véritable;
L'autre eſt vn Impoſteur, digne de châtiment.
POLIDAS.
Certes, ce raport admirable
Suspend icy mon jugement.
AMPHITRYON.
C'eſt trop eſtre éludez par vn Fourbe exécrable,
Il faut, auec ce Fer, rompre l'enchantement.
NAVCRATES.
Arreſtez.
AMPHITRYON.
Laiſſez-moy.
NAVCRATES.
Dieux! que voulez-vous faire?
AMPHITRYON.
Punir, d'vn Impoſteur, les lâches trahiſons.
IVPITER.
Tout-beau, l'emportement eſt fort peu neceſſaire;
Et lors que de la ſorte on ſe met en colere,
On fait croire qu'on a de mauuaiſes raiſons.
SOSIE.
Oüy, c'eſt vn Enchanteur, qui porte vn Caractére,
Pour reſſembler aux Maiſtres des Maiſons.
AMPHITRYON.
Ie te feray, pour ton partage,
Sentir, par mille coups, ces propos outrageans.
SOSIE.
Mon Maiſtre eſt Homme de courage;
Et ne ſouffrira point, que l'on batte ſes Gens.
AMPHITRYON.
Laiſſez-moy m'aſſouuir dans mon courrous extréme,
Et lauer mon affront au ſang d'vn Scelérat.
NAVCRATES.
Nous ne ſouffrirons point cet étrange combat,

COMEDIE.

D'Amphitryon, contre luy-même.
AMPHITRYON.
Quoy! mon honneur, de vous, reçoit ce traitement?
Et mes Amis, d'vn Fourbe, embrassent la défense?
Loin d'estre les premiers à prendre ma vangeance,
Eux-mesmes font obstacle à mon ressentiment?
NAVCRATES.
Que voulez-vous qu'à cette veuë
Fassent nos résolutions;
Lors que par deux Amphitryons,
Toute nostre chaleur demeure suspenduë?
A vous faire éclater nostre zele aujourd'huy,
Nous craignons de faillir, & de vous méconnoistre.
Nous voyons bien en vous Amphitryon paroistre,
Du salut des Thébains le glorieux appuy:
Mais nous le voyons tous aussi paroistre en luy;
Et ne sçaurions juger dans lequel il peut estre.
Nostre Party n'est point douteux,
Et l'Imposteur, par nous, doit mordre la poussiere:
Mais ce parfait raport le cache entre vous deux;
Et c'est vn coup trop hazardeux,
Pour l'entreprendre sans lumiere.
Auec douceur laissez-nous voir,
De quel costé peut estre l'imposture;
Et dés que nous aurons démeslé l'auanture,
Il ne nous faudra point dire nostre deuoir.
IVPITER.
Oüy, vous auez raison : & cette ressemblance,
A douter de tous deux, vous peut authoriser.
Ie ne m'offence point de vous voir en balance:
Ie suis plus raisonnable, & sçay vous excuser.
L'œil ne peut entre nous faire de diference;
Et ie voy qu'aisément on s'y peut abuser.
Vous ne me voyez point témoigner de coléré;
Point mettre l'Epée à la main.

G iij

AMPHITRYON,

C'est vn mauuais moyen d'éclaircir ce myſtere;
Et i'en puis trouuer vn plus doux, & plus certain.
  L'vn de nous eſt Amphitryon;
Et tous deux, à vos yeux, nous le pouuons paroiſtre.
C'eſt à moy de finir cette confuſion;
Et ie prétens me faire à tous ſi bien connoiſtre,
Qu'aux preſſantes clartez de ce que ie puis eſtre,
Luy-meſme ſoit d'accord du ſãg qui m'a fait naiſtre;
Il n'ait plus de rien dire aucune occaſion.
C'eſt aux yeux des Thébains, que ie veux auec vous,
De la verité pure, ouurir la connoiſſance;
Et la choſe ſans doute eſt aſſez d'importance,
  Pour affecter la circonſtance,
  De l'éclaircir aux yeux de tous.
Alcméne attend de moy ce public témoignage.
Sa vertu, que l'éclat de ce deſordre outrage,
Veut qu'on la juſtifie, & i'en vais prendre ſoin.
C'eſt à quoy mon amour enuers elle m'engage;
Et des plus nobles Chefs, ie fais vn aſſemblage,
Pour l'éclairciſſement, dont ſa gloire a beſoin.
Attendant auec vous ces Témoins ſouhaitez,
  Ayez, ie vous prie, agreable
  De venir honorer la Table,
  Où vous a Soſie inuitez.

SOSIE.

Ie ne me trompois pas. Meſſieurs, ce mot termine
  Toute l'irréſolution :
  Le véritable Amphitryon,
  Eſt l'Amphitryon, où l'on diſne.

AMPHITRYON.

O Ciel! puis-je plus bas me voir humilié!
Quoy! faut-il que i'entende icy, pour mon martyre,
Tout ce que l'Impoſteur, à mes yeux, vient de dire;
Et que dans la fureur, que ce diſcours m'inſpire,
  On me tienne le Bras lié!

COMEDIE.

NAVCRATES.
Vous vous plaignez à tort. Permettez nous d'attédre
L'éclaircissement, qui doit rendre
Les ressentimens de saison.
Ie ne sçay pas s'il impose:
Mais il parle sur la chose,
Comme s'il auoit raison.

AMPHITRYON.
Allez, foibles Amis, & flatez l'imposture.
Thébes en a pour moy de tout autres que vous:
Et ie vais en trouuer, qui partageant l'injure,
Sçauront prester la main à mon juste courroux.

IVPITER.
Hé bien, ie les attens ; & sçauray décider
Le diferend en leur presence.

AMPHITRYON.
Fourbe, tu crois par là, peut-estre, t'éuader:
Mais rien ne te sçauroit sauuer de ma vangeance.

IVPITER.
A ces injurieux propos
Ie ne daigne à present répondre;
Et tantost ie sçauray confondre
Cette Fureur, auec deux mots.

AMPHITRYON.
Le Ciel mesme, le Ciel, ne t'y sçauroit soustraire:
Et jusques aux Enfers, i'iray suiure tes pas.

IVPITER.
Il ne sera pas necessaire;
Et l'on verra tantost, que ie ne fuiray pas.

AMPHITRYON.
Allons, courons, auant que d'auec eux il sorte,
Assembler des Amis, qui suiuent mon courroux:
Et chez moy venons à main-forte,
Pour le percer de mille coups.

IVPITER.

Point de façons, ie vous conjure;
Entrons viste dans la Maison.

NAVCRATES.

Certes, toute cette auanture
Confond le sens, & la raison.

SOSIE.

Faites tréue, Messieurs, à toutes vos surprises;
Et pleins de joye, allez tabler jusqu'à demain.
Que ie vais m'en dôner! & me mettre en beau train,
De raconter nos vaillantises!
Ie brûle d'en venir aux prises;
Et iamais ie n'eus tant de faim.

SCENE VI.
MERCVRE, SOSIE.
MERCVRE.

ARreste. Quoy! tu viens icy mettre ton nez,
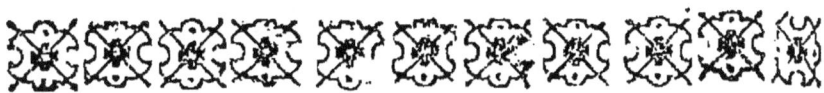
Impudent Fleureur de Cuisine?

SOSIE.

Ah! de grace, tout doux.

MERCVRE.

Ah! vous y retournez!
Ie vous ajusteray l'échine.

SOSIE.

Helas! braue, & genereux Moy,
Modere-toy, ie t'en suplie.
Sosie, épargne vn peu Sosie;
Et ne te plais point tant à fraper dessus toy.

MERCVRE.

Qui de t'appeller de ce Nom,

COMEDIE.

A pû te donner la licence?
Ne t'en ay-je pas fait vne expresse défence,
Sous peine d'essuyer mille coups de Baston?

SOSIE.

C'est vn Nom, que tous deux nous pouuons à la fois
  Posseder sous vn mesme Maistre.
Pour Sosie, en tous Lieux, on sçait me reconnoistre;
  Ie souffre bien que tu le sois;
  Souffre aussi, que ie le puisse estre.
  Laissons aux deux Amphitryons,
  Faire éclater des jalousies;
  Et parmy leurs contentions,
Faisons en bonne paix, viure les deux Sosies.

MERCVRE.

Non, c'est assez d'vn seul; & ie suis obstiné,
  A ne point souffrir de partage.

SOSIE.

Du pas deuant, sur moy, tu prendras l'auantage,
Ie seray le Cadet, & tu seras l'Aisné.

MERCVRE.

Non, vn Frere incómode, & n'est pas de mon goust;
  Et ie veux estre Fils vnique.

SOSIE.

  O Cœur barbare, & tyrannique!
Souffre qu'au moins ie sois ton Ombre.

MERCVRE.

      Point du tout.

SOSIE.

Que d'vn peu de pitié ton Ame s'humanise.
En cette qualité souffre-moy pres de toy.
Ie te seray par tout vne Ombre si soûmise,
  Que tu seras content de moy.

MERCVRE.

Point de quartier: immuable est la Loy.
Si d'entrer là-dedans, tu prens encor l'audace,

Mille coups en feront le fruit.
SOSIE.
Las ! à quelle étrange disgrace,
Pauure Sosie, es-tu reduit?
MERCVRE.
Quoy! ta bouche se licencie,
A te donner encor vn Nom, que ie défens?
SOSIE.
Non, ce n'est pas moy que i'entens;
Et ie parle d'vn vieux Sosie,
Qui fut jadis de mes Parens;
Qu'auec tres-grande barbarie,
A l'heure du Disné, l'on chassa de ceans.
MERCVRE.
Prens garde de tomber dans cette frenésie;
Si tu veux demeurer au nombre des viuans.
SOSIE.
Que ie te rosserois, si i'auois du courage,
Double Fils-de-Putain, de trop d'orgueil enflé.
MERCVRE.
Que dis-tu?
SOSIE.
Rien.
MERCVRE.
Tu tiens, ie croy, quelque langage.
SOSIE.
Demandez, ie n'ay pas soufflé.
MERCVRE.
Certain mot de Fils-de-Putain,
A pourtant frapé mon oreille:
Il n'est rien de plus certain.
IVPITER.
C'est donc vn Perroquet, que le beau temps réueille.
MERCVRE.
Adieu. Lors que le Dos poutra te démanger,

COMEDIE.

Voila l'Endroit, où ie demeure.
SOSIE.
O Ciel ! que l'heure de manger,
Pour eſtre mis dehors, eſt vne maudite heure !
Allons, cedons au Sort dans noſtre affliction.
Suiuons-en aujourd'huy l'aueugle fantaiſie ;
Et par vne juſte vnion,
Ioignons le malheureux Soſie,
Au malheureux Amphitryon.
Ie l'apperçois venir en bonne compagnie.

SCENE VII.
AMPHITRYON, ARGATIPHON-TIDAS, POSICLES, SOSIE.

AMPHITRYON.
Arreſtez-là, Meſſieurs. Suiuez-nous d'vn peu loin ;
Et n'auancez tous, ie vous prie,
Que quand il en ſera beſoin.
POSICLES.
Ie cóprens que ce coup doit fort toucher voſtre Ame.
AMPHITRYON.
Ah ! de tous les coſtez, mortelle eſt ma douleur !
Et ie ſouffre pour ma flame,
Autant que pour mon honneur.
POSICLES.
Si cette Reſſemblance eſt telle que l'on dit,
Alcméne, ſans eſtre coupable....
AMPHITRYON.
Ah ! ſur le fait dont il s'agit,
L'erreur ſimple deuient vn crime veritable,
Et ſans conſentement, l'Innocence y périt.

De semblables erreurs, quelque jour qu'on leur dône,
Touchent des endroits délicats:
Et la Raison bien souuent les pardonne;
Que l'Honneur, & l'Amour, ne les pardonnent pas.

ARGATIPHONTIDAS.

Ie n'embarasse point là-dedans ma pensée:
Mais ie hais vos Messieurs, de leurs honteux delais;
Et c'est vn procedé, dont i'ay l'Ame blessée;
Et que les Gens de cœur n'approuueront iamais.
Quãd quelqu'vn nous employe, on doit, teste baissée,
Se jetter dans ses intérests.
Argatiphontidas ne va point aux accords.
Ecouter d'vn Amy raisonner l'auersaire,
Pour des Hômes d'hôneur, n'est point vn coup à faire:
Il ne faut écouter que la vangeance alors.
Le Procez ne me sçauroit plaire;
Et l'on doit cômencer toûjours dans ses transports,
Par bailler, sans autre mystere,
De l'Epée au trauers du Corps.
Oüy, vous verrez, quoy qu'il auienne.
Qu'Argatiphontidas marche droit sur ce poinct;
Et de vous il faut que i'obtienne,
Que le Pendart ne meure point,
D'vne autre main, que de la mienne.

AMPHITRYON.

Allons.

SOSIE.

Ie viens, Monsieur, subir à vos genous,
Le juste châtiment d'vne audace maudite.
Frapez, battez, chargez, accablez-moy de coups;
Tuez-moy dans vostre courrous:
Vous ferez bien, ie le mérite;
Et ie n'en diray pas vn seul mot contre vous.

AMPHITRYON.

Leue-toy. Que fait-on?

SOSIE.

COMEDIE.

SOSIE.

L'on m'a chaſſé tout net:
Et croyant, à manger, m'aller, comme eux, ébatre;
Ie ne ſongeois pas qu'en effet,
Ie m'attendois là, pour me battre.
Oüy, l'autre Moy, Valet de l'autre Vous, a fait,
Tout de nouueau, le Diable à quatre.
La rigueur d'vn pareil Deſtin,
Monſieur, aujourd'huy, nous talonne;
Et l'on me Deſ-Sofie enfin,
Comme on vous Deſ-Amphitryonne.

AMPHITRYON.

Suy-moy.

SOSIE.

N'eſt-il pas mieux, de voir s'il vient Perſonne

SCENE VIII.

CLEANTHIS, NAVCRATES, POLIDAS, SOSIE, AMPHITRYON, ARGATIPHONTIDAS, POSICLES.

CLEANTHIS.

O Ciel!

AMPHITRYON.

Qui t'épouuante ainſy?
Quelle eſt la peur, que ie t'inſpire?

CLEANTHIS.

Las! vous eſtes là-haut, & ie vous vois icy!

NAVCRATES.

Ne vous preſſez point, le voicy,
Pour donner deuant tous, les clartez, qu'on deſire;
Et qui, ſi l'on peut croire à ce qu'il vient de dire,
Sçauront vous affranchir de trouble, & de ſoucy.

H

SCENE IX.

MERCVRE, CLEANTHIS, NAV-
CRATES, POLIDAS, SOSIE, AM-
PHITRYON, ARGATIPHON-
TIDAS, POSICLES.

MERCVRE.

Ovy, vous l'allez voir tous: & sçachez, par auance,
 Que c'est le Grand Maistre des Dieux;
Que sous les traits chéris de cette Ressemblance,
Alcméne a fait, du Ciel, descendre dans ces Lieux.
 Et quant à moy, ie suis Mercure,
Qui ne sçachant que faire, ay rossé tant soit peu
 Celuy, dont i'ay pris la Figure:
Mais de s'en consoler, il a maintenant lieu;
 Et les coups de Baston d'vn Dieu,
 Font honneur à qui les endure.

SOSIE.

Ma foy, Monsieur le Dieu, ie suis vostre Valet.
Ie me serois passé de vostre courtoisie.

MERCVRE.

Ie luy donne à present congé d'estre Sosie.
Ie suis las de porter vn Visage si lait;
Et ie m'en vais au Ciel, auec de l'Ambrosie,
Il vole M'en débarboüiller tout-à-fait.
dans le Ciel.

SOSIE.

Le Ciel, de m'aprocher, t'oste à ia mais l'enuie,
Ta fureur s'est par trop acharnée apres moy:
 Et ie ne vis de ma vie,
 Vn Dieu plus Diable, que toy.

SCENE X.

IVPITER, CLEANTHIS, NAV-
CRATES, POLIDAS, SOSIE, AM-
PHITRYON, ARGATIPHON-
TIDAS, POSICLES.

IVPITER *dans vne Nuë.*

Regarde, Amphitryon, quel est ton Imposteur;
Et sous tes propres traits, voy Iupiter paroistre:
A ces marques, tu peux aisément le connoistre;
Et c'est assez, ie croy, pour remettre ton Cœur
   Dans l'état auquel il doit estre,
Et rétablir chez toy, la paix, & la douceur.
Mon Nom, qu'incessamment toute la Terre adore,
Etouffe icy les bruits, qui pouuoient éclater.
   Vn partage auec Iupiter,
   N'a rien du tout, qui des-honnore:
Et sans doute, il ne peut estre que glorieux,
De se voir le Riual du Souuerain des Dieux.
Ie n'y vois, pour ta flame, aucun lieu de murmure;
   Et c'est moy, dans cette auanture,
Qui tout Dieu que ie suis, dois estre le Ialous.
Alcméne est toute à toy, quelque soin qu'ō employe;
Et ce doit à tes feux estre vn Objet bien dous,
Devoir, que pour luy plaire, il n'est point d'autre voye,
   Que de paroistre son Epous:
Que Iupiter, orné de sa gloire immortelle,
Par luy-mesme, n'a pû triompher de sa foy;
   Et que ce qu'il a receu d'elle,
N'a, par son Cœur ardent, esté donné qu'à toy.

SOSIE.

Le Seigneur Iupiter sçait dorer la Pilule.

IVPITER.

Sors dōc des noirs chagrins, que ton Cœur a soufers,
Et rens le calme entier à l'ardeur, qui te brule.
Chez toy, doit naître vn Fils, qui sous le nō d'Hercule,
Remplira de ses faits, tout le vaste Vniuers.
L'éclat d'vne Fortune, en mille biens féconde,
Fera connoistre à tous, que ie suis ton suport,
  Et ie mettray tout le Monde
  Au poinct d'enuier ton Sort.
 Tu peux hardiment te flater
 De ces espérances données.
 C'est vn crime, que d'en douter.
 Les Paroles de Iupiter,
 Sont des Arrests des Destinées.

Il se pert dans les Nuës.

NAVCRATES.

Certes, ie suis rauy de ces marques brillantes.....

SOSIE.

Messieurs, voulez-vous bien suiure mon sentiment?
 Ne vous embarquez nullement,
 Dans ces douceurs congratulantes.
 C'est vn mauuais Embarquement:
Et d'vne, & d'autre part, pour vn tel Compliment,
 Les Phrases sont embarassantes.
Le grand Dieu Iupiter nous fait beaucoup d'hōneur,
Et sa bonté, sans doute, est pour nous sans seconde:
 Il nous promet l'infaillible bonheur,
 D'vne Fortune, en mille biens féconde;
Et chez nous il doit naistre vn Fils d'vn très-grand
  Tout cela va le mieux du Monde. (cœur,
 Mais enfin coupons aux discours,
Et que chacun chez soy, doucement se retire.
 Sur telles Affaires, toûjours,
 Le meilleur est de ne rien dire.

FIN.

LE
MARIAGE
FORCÉ.
COMEDIE.
Par I. B. P. DE MOLIERE.

A PARIS,
Chez IEAN RIBOV, au Palais,
vis à vis la Porte de l'Eglise
de la Sainte Chapelle,
à l'Image S. Louis.

M. DC. LXVIII.
AVEC PRIVILEGE DV ROY.

Extrait du Priuilege du Roy.

PAr Grace & Priuilege du Roy, donné à Saint Germain en Laye, le 20. jour de Fevrier 1668. Signé, Par le Roy en son Conseil, MARGERET. Il est permis à I. B. P. DE MOLIERE, de faire imprimer par tel Libraire ou Imprimeur qu'il voudra choisir, vne Piece de Theatre de sa composition, intitulée, LE MARIAGE FORCE', pendant le temps & espace de cinq années entieres & accomplies, à commencer du jour qu'elle sera acheuée d'imprimer : Et defenses sont faites à tous autres Libraires & Imprimeurs, d'imprimer, ou faire imprimer, vendre & debiter ladite Piece, sans le consentement de l'Exposant, ou de ceux qui auront droit de luy ; à peine aux contreuenans, de trois mille liures d'amende, confiscation des Exemplaires contrefaits, & de tous despens, dommages & interests, ainsi que plus au long il est porté par lesdites Lettres de Priuilege.

Et ledit Sieur DE MOLIERE a cedé & transporté son droict de Priuilege, à IEAN RIBOV Marchand Libraire à Paris, pour en joüir, suiuant l'accord fait entr'eux.

Regiftré fur le Liure de la Communauté, suiuant l'Arrest de la Cour de Parlement.

Acheué d'imprimer pour la premiere fois le 9. Mars 1668.

PERSONNAGES.

SGANARELLE.

GERONIMO.

DORIMENE, jeune Coquette, promise à Sganarelle.

ALCANTOR, Pere de Dorimene.

ALCIDAS, Frere de Dorimene.

LYCASTE, Amant de Dorimene.

DEVX EGYPTIENNES.

PANCRACE, Docteur Aristotelicien.

MARPHVRIVS, Docteur Pyrrhonien.

LE MARIAGE FORCÉ

COMEDIE.

SCENE I.
SGANARELLE, GERONIMO.

SGANARELLE.

JE suis de retour dans vn moment. Que l'on ait bien soin du Logis; & que tout aille comme il faut. Si l'on m'apporte de l'argent, que l'on me vienne querir viste chez le Seigneur Geronimo; & si l'on vient m'en demander, qu'on dise que ie suis sorty, & que ie ne dois reuenir de toute la journée.

GERONIMO.
Voila vn Ordre fort prudent.

SGANARELLE.
Ah! Seigneur Geronimo ie vous trouue à propos; i'allois chez vous vous chercher.

GERONIMO.
Et pour quel sujet, s'il vous plaist?

COMEDIE.
SGANARELLE.

Pour vous communiquer vne Affaire, que i'ay en teste; & vous prier de m'en dire vostre auis.

GERONIMO.

Tres-volontiers. Ie suis bien aise de cette rencontre; & nous pouuons parler icy en toute liberté.

SGANARELLE.

Mettez donc dessus, s'il vous plaist. Il s'agit d'vne chose de consequence, que l'on m'a proposée; & il est bon de ne rien faire, sans le conseil de ses Amis.

GERONIMO.

Ie vous suis obligé, de

A ij

m'auoir choisy pour cela. Vous n'auez qu'à me dire ce que c'est.

SGANARELLE.

Mais auparauant, ie vous conjure de ne me point flater du tout; & de me dire nettement voftre pensée.

GERONIMO.

Ie le feray, puis que vous le voulez.

SGANARELLE.

Ie ne vois rien de plus condamnable qu'vn Amy, qui ne nous parle pas franchement.

GERONIMO.

Vous auez raifon.

COMEDIE.
SGANARELLE.
Et dans ce Siecle, on trouue peu d'Amis sincéres.
GERONIMO.
Cela est vray.
SGANARELLE.
Promettez-moy donc, Seigneur Geronimo, de me parler auec toute sorte de franchise.
GERONIMO.
Ie vous le promets.
SGANARELLE.
Iurez-en vostre foy.
GERONIMO.
Oüy, foy d'Amy. Dites-moy seulement vostre Affaire.

SGANARELLE.

C'est que ie veux sçauoir de vous, si ie feray bien de me marier.

GERONIMO.

Qui, vous?

SGANARELLE.

Oüy, moy-mesme en propre Personne. Quel est vostre auis là-dessus?

GERONIMO.

Ie vous prie auparauant, de me dire vne chose.

SGANARELLE.

Et quoy?

GERONIMO.

Quel âge pouuez-vous vous bien auoir maintenant?

COMEDIE.

SGANARELLE.

Moy?

GERONIMO.

Oüy.

SGANARELLE.

Ma foy, ie ne sçay; mais ie me porte bien.

GERONIMO.

Quoy! vous ne sçauez pas, à peu pres, voſtre âge?

SGANARELLE.

Non. Eſt-ce qu'on ſonge à cela?

GERONIMO.

Hé, dites-moy vn peu, s'il vous plaiſt: Combien auiez-vous d'années, lorsque nous fiſmes connoiſſance?

LE MARIAGE FORCE',

SGANARELLE.

Ma foy, ie n'auois que vingt ans alors.

GERONIMO.

Combien fûmes nous ensemble à Rome?

SGANARELLE.

Huit ans.

GERONIMO.

Quel temps auez-vous demeuré en Angleterre?

SGANARELLE.

Sept ans.

GERONIMO.

Et en Hollande, où vous fûtes en suite?

SGANARELLE.

Cinq ans, & demy.

COMEDIE.
GERONIMO.
Combien y a-t-il, que vous estes reuenu icy ?
SGANARELLE.
Ie reuins en cinquante-six.
GERONIMO.
De cinquante-six, à soixante-huit, il y a douze ans, ce me semble. Cinq ans en Hollande, font dix-sept. Sept ans en Angleterre, font vingt-quatre. Huit dans nostre sejour à Rome, font trente-deux : Et vingt que vous auiez lors que nous nous connûmes, cela fait justement cinquante-deux. Si bien, Seigneur Sganarelle, que sur vostre propre con-

fession, vous estes, enuiron, à vostre cinquante-deuxiéme, ou cinquante-troisiéme année.

SGANARELLE.

Qui, moy ? Cela ne se peut pas.

GERONIMO.

Mon Dieu, le calcul est juste. Et là-dessus ie vous diray franchement, & en Amy, comme vous m'auez fait promettre de vous parler, que le Mariage n'est gueres vostre fait. C'est vne chose à laquelle il faut que les jeunes Gens pensent bien meurement auant que de la faire : mais les Gens de vos-

tre âge n'y doiuent point
penser du tout. Et si l'on dit,
que la plus grande de toutes
les folies, est celle de se marier, ie ne voy rien de plus
mal à propos, que de la faire,
cette folie, dans la Saison où
nous deuons estre plus sages.
Enfin ie vous en dis nettement ma pensée. Ie ne vous
conseille point de songer au
Mariage; & ie vous trouuerois le plus ridicule du Monde, si ayant esté libre jusqu'à cette heure, vous alliez
vous charger maintenant de
la plus pesante des chaisnes.

SGANARELLE.

Et moy, ie vous dis que ie

suis résolu de me marier; & que ie ne seray point ridicule en épousant la Fille, que ie recherche.

GERONIMO.

Ah! c'est vne autre chose. Vous ne m'auiez pas dit cela.

SGANARELLE.

C'est vne Fille, qui me plaist; & que i'aime de tout mon cœur.

GERONIMO.

Vous l'aimez de tout vostre cœur?

SGANARELLE.

Sans doute; & ie l'ay demandée à son Pere.

GERONIMO.

Vous l'auez demandée?

SGANARELLE.

Oüy, c'est vn Mariage, qui se doit conclure ce soir; & i'ay donné parole.

GERONIMO.

Oh! mariez-vous donc. Ie ne dis plus mot.

SGANARELLE.

Ie quitterois le dessein que i'ay fait? Vous semble-t-il, Seigneur Geronimo, que ie ne sois plus propre à songer à vne Femme? Ne parlons point de l'âge que ie puis auoir; mais regardons seulement les choses. Y a-t-il Homme de trente ans, qui paroisse plus frais, & plus vigoureux, que vous me voyez? N'ay-je pas tous les mouuemens de mon Corps aussi bons que iamais? Et voit-on que i'aye besoin de Carosse, ou de Chaise, pour cheminer? N'ay-je pas encore toutes mes dents les meilleures du Monde? Ne fais-je pas vigoureusement mes quatre Repas par jour? Et peut-on voir vn Estomach qui ait plus de force que le mien? Hem, hem, hem. Eh! qu'en dites-vous?

GERONIMO.

Vous auez raison : ie m'estois trompé. Vous ferez bien de vous marier.

COMEDIE.
SGANARELLE.

I'y ay repugné autrefois: mais i'ay maintenant de puissantes raisons pour cela. Outre la joye que i'auray de posseder vne belle Femme, qui me fera mille caresses ; qui me dorlotera, & me viendra froter, lors que ie seray las: outre cette joye, dis-je, ie considere, qu'en demeurant comme ie suis, ie laisse périr dans le Monde la Race des Sganarelles ; & qu'en me mariant, ie pourray me voir reuiure en d'autres moy-mesmes ; que i'auray le plaisir de voir des Creatures, qui seront sorties de moy ; de petites Figures qui me ressembleront comme deux goutes d'eau; qui se joüeront continuellement dans la Maison; qui m'appelleront leur Papa, quand ie reuiendray de la Ville, & me diront de petites folies les plus agreables du Monde. Tenez, il me semble déja que i'y suis, & que i'en vois vne demie-douzaine autour de moy.

GERONIMO.

Il n'y a rien de plus agreable que cela; & ie vous conseille de vous marier, le plus viste que vous pourrez.

SGANARELLE.

Tout de bon; vous me le conseillez?

COMEDIE.

GERONIMO.

Assurément. Vous ne sçauriez mieux faire.

SGANARELLE.

Vrayment, ie suis rauy que vous me donniez ce conseil en veritable Amy.

GERONIMO.

Hé! quelle est la Personne, s'il vous plaist, auec qui vous vous allez marier?

SGANARELLE.

Dorimene.

GERONIMO.

Cette jeune Dorimene, si galante, & si bien parée?

SGANARELLE.

Oüy.

GERONIMO.

Fille du Seigneur Alcantor?

SGANARELLE.

Iuſtement.

GERONIMO.

Et Sœur d'vn certain Alcidas, qui ſe meſle de porter l'Epée?

SGANARELLE.

C'eſt cela.

GERONIMO.

Vertu de ma vie!

SGANARELLE.

Qu'en dites-vous?

GERONIMO.

Bon Party! Mariez-vous promptement.

COMEDIE.
SGANARELLE.
N'ay-je pas raison, d'auoir fait ce chois?

GERONIMO.
Sans doute. Ah! que vous serez bien marié! Dépeschez-vous de l'estre.

SGANARELLE.
Vous me comblez de joye, de me dire cela. Ie vous remercie de vostre conseil; & ie vous inuite ce soir à mes Nopces.

GERONIMO.
Ie n'y manqueray pas; & ie veux y aller en Masque, afin de les mieux honorer.

SGANARELLE.
Seruiteur.

GERONIMO.

La jeune Dorimene, Fille du Seigneur Alcantor, auec le Seigneur Sganarelle, qui n'a que cinquante-trois ans? ô le beau Mariage! ô le beau Mariage!

SGANARELLE.

Ce Mariage doit estre heureux; car il donne de la joye à tout le Monde; & ie fais rire tous ceux à qui i'en parle. Me voila maintenant le plus content des Hommes.

COMEDIE.

SCENE II.
DORIMENE, SGANARELLE.

DORIMENE.

ALons, petit Garçon, qu'on tienne bien ma Queuë; & qu'on ne s'amuse pas à badiner.

SGANARELLE.

Voicy ma Maistresse, qui vient. Ah! qu'elle est agreable! quel air! & quelle taille! Peut-il y auoir vn Homme, qui n'ait, en la voyant, des démangeaisons de se marier?

LE MARIAGE FORCE',

Où allez-vous, belle Mignonne, chere Epouse future de voſtre Epous futur?

DORIMENE.

Ie vais faire quelques Emplettes.

SGANARELLE.

Hé bien, ma Belle, c'eſt maintenant que nous allons eſtre heureux l'vn, & l'autre. Vous ne ſerez plus en droict de me rien refuſer; & ie pourray faire auec vous tout ce qu'il me plaira, ſans que perſonne s'en ſcandaliſe. Vous allez eſtre à moy depuis la teſte juſqu'aux piez; & ie ſeray Maiſtre de tout: De vos petits yeux éueillez; de

voſtre petit nez fripon; de
vos levres appétiſſantes ; de
vos oreilles amoureuſes ; de
voſtre petit menton joly ; de
vos petits tétons rondelets;
de voſtre.... Enfin toute voſtre Perſonne ſera à ma diſ-
cretion; & ie ſeray à meſme,
pour vous careſſer, comme ie
voudray. N'eſtes-vous pas
bien aiſe de ce Mariage, mon
aimable Pouponne ?

DORIMENE.

Tout à fait aiſe, ie vous
jure : car enfin la ſeuerité de
mon Pere m'a tenuë juſques
icy dans vne ſujettion la plus
fâcheuſe du Monde. Il y a ie
ne ſçay combien que i'en-

rage du peu de liberté, qu'il me donne; & i'ay cent fois souhaité qu'il me mariast, pour sortir promptement de la contrainte, où i'estois auec luy, & me voir en état de faire ce que ie voudray. Dieu mercy, vous estes venu heureusement pour cela, & ie me prepare desormais à me donner du diuertissement, & à reparer comme il faut le temps que i'ay perdu. Comme vous estes vn fort galant Homme, & que vous sçauez comme il faut viure; ie croy que nous ferons le meilleur ménage du Monde ensemble, & que vous ne serez point

point de ces Maris incommodes, qui veulent que leurs Femmes viuent comme des Loup-garous. Ie vous auouë que ie ne m'accommoderois pas de cela; & que la Solitude me defefpere. I'aime le Ieu; les Vifites; les Affemblées; les Cadeaux, & les Promenades; en vn mot toutes les chofes de plaifir ; & vous deuez eftre rauy, d'auoir vne Femme de mon humeur. Nous n'aurons iamais aucun démeflé enfemble; & ie ne vous contraindray point dans vos actions; comme i'efpere que de voftre cofté vous ne me contraindrez point dans les

C

miennes: car pour moy, ie tiens qu'il faut auoir vne complaisance mutuelle; & qu'on ne se doit point marier, pour se faire enrager l'vn l'autre. Enfin nous viurons, estant mariez, comme deux Personnes qui sçauent leur monde. Aucun soupçon jaloux ne nous troublera la cervelle; & c'est assez que vous serez assuré de ma fidelité, comme ie seray persuadée de la vostre. Mais qu'auez-vous? ie vous voy tout changé de visage.

SGANARELLE.

Ce sont quelques vapeurs, qui me viennent de monter à la teste.

COMEDIE.

DORIMENE.

C'est vn mal aujourd'huy, qui attaque beaucoup de Gens : mais nostre Mariage vous dissipera tout cela. Adieu, il me tarde déja que ie n'aye des Habits raisonnables, pour quitter viste ces guenilles. Ie m'en vais de ce pas acheuer d'acheter toutes les choses qu'il me faut; & ie vous enuoyray les Marchands.

SCENE III.
GERONIMO, SGANARELLE.

GERONIMO.

AH ! Seigneur Sganarelle, ie suis rauy de vous trouuer encor icy; & i'ay rencontré vn Orfevre, qui sur le bruit que vous cherchiez quelque beau Diamant en Bague, pour faire vn Présent à vostre Epouse, m'a fort prié de vous venir parler pour luy; & de vous dire qu'il en a vn à vendre,

COMEDIE.

le plus parfait du Monde.

SGANARELLE.

Mon Dieu, cela n'est pas pressé.

GERONIMO.

Comment! que veut dire cela? où est l'ardeur que vous montriez tout à l'heure?

SGANARELLE.

Il m'est venu, depuis vn moment, de petits scrupules sur le Mariage. Auant que de passer plus auant, ie voudrois bien agiter à fond cette matiére; & que l'on m'expliquast vn Songe que i'ay fait cette Nuit, & qui vient tout à l'heure de me reuenir dans l'Esprit. Vous sçauez que les Songes sont comme des Miroirs, où l'on découure quelquefois tout ce qui nous doit arriuer. Il me sembloit que i'estois dans vn Vaisseau, sur vne Mer bien agitée; & que....

GERONIMO.

Seigneur Sganarelle, i'ay maintenant quelque petite Affaire, qui m'empesche de vous oüyr. Ie n'entens rien du tout aux Songes; & quand au raisonnement du Mariage, vous auez deux Sçauans; deux Philosophes vos Voisins, qui sont Gens à vous debiter tout ce qu'on peut dire sur ce sujet. Comme ils

COMEDIE. 31

sont de Sectes diferentes, vous pouuez examiner leurs diuerses opinions là-dessus. Pour moy, ie me contente de ce que ie vous ay dit tantost; & demeure vostre Seruiteur.

SGANARELLE.

Il a raison. Il faut que ie consulte vn peu ces Gens-là sur l'incertitude où ie suis.

32 LE MARIAGE FORCE',

SCENE IV.
PANCRACE, SGANARELLE.

PANCRACE.

Allez, vous estes vn impertinent, mon Amy; vn Homme bannissable de la Republique des Lettres.

SGANARELLE.

Ah! bon, en voicy vn fort à propos.

PANCRACE.

Oüy, ie te soûtiendray par viues raisons, que tu es vn

Ignorant, ignorantissime, ignorantifiant, & ignorantifié par tous les cas, & modes imaginables.

SGANARELLE.

Il a pris querelle contre quelqu'vn. Seigneur....

PANCRACE.

Tu veux te mesler de raisonner, & tu ne sçais pas seulement les Elemens de la Raison.

SGANARELLE.

La colere l'empesche de me voir. Seigneur....

PANCRACE.

C'est vne Proposition condamnable dans toutes les Terres de la Philosophie.

SGANARELLE.

Il faut qu'on l'ait fort irrité. Ie....

PANCRACE.

Toto Cœlo, tota via aberras.

SGANARELLE.

Ie baise les mains à Monsieur le Docteur.

PANCRACE.

Seruiteur.

SGANARELLE.

Peut-on....

PANCRACE.

Sçais-tu bien ce que tu as fait ? vn Sillogisme *in balordo.*

SGANARELLE.

Ie vous....

PANCRACE.

La Majeure en est inepte,

COMEDIE.

la Mineure impertinente, &
la Conclusion ridicule.

SGANARELLE.

Ie....

PANCRACE.

Ie créuerois plutost que
d'auoüer ce que tu dis; & ie
soûtiendray mon opinion
jusqu'à la derniere goute de
mon Encre.

SGANARELLE.

Puis-je....

PANCRACE.

Oüy, ie defendray cette
Proposition, *pugnis & calcibus,*
unguibus & rostro.

SGANARELLE.

Seigneur Aristote, peut-
on sçauoir ce qui vous met

ſi fort en colere?

PANCRACE.

Vn ſujet le plus juſte du Monde.

SGANARELLE.

Et quoy encore?

PANCRACE.

Vn Ignorant m'a voulu ſoûtenir vne Propoſition erronée; vne Propoſition épouuantable, éfroyable, exécrable.

SGANARELLE.

Puis-je demander ce qu c'eſt?

PANCRACE.

Ah! Seigneur Sganarell tout eſt renuerſé aujour d'huy; & le Monde e tombé dans vne corruption generale. Vne licence épouuantable regne par tout; & les Magistrats, qui sont établis, pour maintenir l'ordre dans cet Etat, déuroient rougir de honte, en souffrant vn scandale aussi intolérable, que celuy dont ie veux parler.

SGANARELLE.
Quoy donc?

PANCRACE.
N'est-ce pas vne chose horrible; vne chose qui crie vangeance au Ciel, que d'endurer qu'on dise publiquement la forme d'vn Chapeau!

D

SGANARELLE.

Comment?

PANCRACE.

Ie soûtiens qu'il faut dire la Figure d'vn Chapeau, & non pas la Forme. D'autant qu'il y a cette diference entre la Forme, & la Figure; que la Forme est la disposition exterieure des Corps qui sont animez; & la Figure, la disposition exterieure des Corps qui sont inanimez: & puis que le Chapeau est vn Corps inanimé, il faut dire la Figure d'vn Chapeau, & non pas la Forme. Oüy, Ignorant que vous estes, c'est comme il faut parler; & ce sont les termes exprés d'Aristote dans le Chapitre de la Qualité.

SGANARELLE.

Ie pensois que tout fust perdu. Seigneur Docteur, ne songez plus à tout cela. Ie....

PANCRACE.

Ie suis dans vne colere, que ie ne me sens pas.

SGANARELLE.

Laissez la Forme, & le Chapeau en paix; i'ay quelque chose à vous communiquer. Ie....

PANCRACE.

Impertinent fieffé.

SGANARELLE.

De grace, remettez vous. Ie....

PANCRACE.

Ignorant.

SGANARELLE.

Eh! mon Dieu. Ie....

PANCRACE.

Me vouloir soûtenir vne Proposition de la sorte?

SGANARELLE.

Il a tort. Ie....

PANCRACE.

Vne Proposition condamnée par Aristote?

SGANARELLE.

Cela est vray. Ie....

PANCRACE.

En termes exprés?

SGANARELLE.

Vous auez raison. Oüy, vous estes vn Sot, & vn Impudent, de vouloir disputer contre vn Docteur, qui sçait lire, & écrire. Voila qui est fait, ie vous prie de m'écouter. Ie viens vous consulter sur vne Affaire qui m'embarasse. I'ay dessein de prendre vne Femme, pour me tenir compagnie dans mon Ménage. La Personne est belle, & bien faite : elle me plaist beaucoup, & est rauie de m'épouser. Son Pere me l'a accordée; mais ie crains vn peu ce que vous sçauez, la disgrace dont on ne plaint Personne ; & ie voudrois bien vous prier, comme Philosophe, de me dire vostre sentiment. Eh! quel est vôtre auis là-dessus?

PANCRACE.

Plutost que d'accorder qu'il faille dire la Forme d'vn Chapeau, i'accorderois que *datur vacuum in rerum natura*, & que ie ne suis qu'vne Beste.

SGANARELLE.

La peste soit de l'Homme. Eh! Monsieur le Docteur, écoutez vn peu les Gens. On vous parle vne heure durant; & vous ne répondez point à ce qu'on vous dit.

PANCRACE.

Ie vous demande pardon. Vne juste colere m'occupe l'Esprit.

COMEDIE.

SGANARELLE.

Eh! laissez tout cela; & prenez la peine de m'écouter.

PANCRACE.

Soit. Que voulez-vous me dire?

SGANARELLE.

Ie veux vous parler de quelque chose.

PANCRACE.

Et de quelle Langue voulez-vous vous seruir auec moy?

SGANARELLE.

De quelle Langue?

PANCRACE.

Oüy.

SGANARELLE.

Parbleu, de la Langue que j'ay dans la bouche; ie croy que ie n'iray pas emprunter celle de mon Voisin.

PANCRACE.

Ie vous dis de quel Idiome; de quel Langage.

SGANARELLE.

Ah ! c'eſt vne autre affaire.

PANCRACE.

Voulez-vous me parler Italien ?

SGANARELLE.

Non.

PANCRACE.

Eſpagnol ?

SGANARELLE.

Non.

COMEDIE.

PANCRACE.
Alleman?

SGANARELLE.
Non.

PANCRACE.
Anglois?

SGANARELLE.
Non.

PANCRACE.
Latin?

SGANARELLE.
Non.

PANCRACE.
Grec?

SGANARELLE.
Non.

PANCRACE.
Hebreu?

SGANARELLE.

Non.

PANCRACE.

Siriaque?

SGANARELLE.

Non.

PANCRACE.

Turc?

SGANARELLE.

Non.

PANCRACE.

Arabe?

SGANARELLE.

Non, non, François.

PANCRACE.

Ah François!

SGANARELLE.

Fort-bien.

COMEDIE.

PANCRACE.

Paſſez donc de l'autre côté: car cette oreille-cy eſt deſtinée pour les Langues ſcientifiques, & étrangeres; & l'autre eſt pour la maternelle.

SGANARELLE.

Il faut bien des ceremonies auec ces ſortes de Gens-cy!

PANCRACE.

Que voulez-vous?

SGANARELLE.

Vous conſulter ſur vne petite difficulté.

PANCRACE.

Sur vne difficulté de Philoſophie, ſans doute?

SGANARELLE.

Pardonnez-moy. Ie....

PANCRACE.
Vous voulez peut-estre sçauoir, si la substance, & l'accident, sont termes sinonimes, ou équiuoques, à l'égard de l'Estre.

SGANARELLE.
Point du tout. Ie....

PANCRACE.
Si la Logique est vn Art, ou vne Science?

SGANARELLE.
Ce n'est pas cela. Ie....

PANCRACE.
Si elle a pour objet les trois operations de l'Esprit, ou la troisiéme seulement?

SGANARELLE.
Non. Ie...

PANCRACE.
S'il y a dix Cathegories, ou s'il n'y en a qu'vne?

SGANARELLE.
Point. Ie....

PANCRACE.
Si la Conclusion est de l'essence du Sillogisme?

SGANARELLE.
Nenny. Ie...

PANCRACE.
Si l'essence du Bien est mise dans l'appétibilité, ou dans la conuenance?

SGANARELLE.
Non. Ie....

PANCRACE.
Si le Bien se réciproque auec la fin?

E

SGANARELLE.

Eh! non. Ie....

PANCRACE.

Si la Fin nous peut émouuoir par son Estre réel, ou par son Estre intentionel?

SGANARELLE.

Non, non, non, non, non, de par tous les Diables, non.

PANCRACE.

Expliquez donc vostre pensée : car ie ne puis pas la deuiner.

SGANARELLE.

Ie vous la veux expliquer aussi : mais il faut m'écouter.

SGANARELLE *en mesme temps que le Docteur.*

L'Affaire que i'ay à vous

COMEDIE.

dire, c'est que i'ay enuie de me marier auec vne Fille, qui est jeune, & belle. Ie l'aime fort, & l'ay demandée à son Pere : mais comme i'apréhende....

PANCRACE *en mesme temps que Sganarelle.*

La Parole a esté donnée à l'Homme, pour expliquer sa Pensée ; & tout ainsi que les Pensées sont les Portraits des Choses, de mesme nos Paroles sont-elles les Portraits de nos Pensées : mais ces Portraits diferent des autres Portraits, en ce que les autres Portraits sont distinguez par tout de leurs Originaux, & que la

Parole enferme en foy fon Original, puis qu'elle n'eft autre chofe que la Penfée, expliquée par vn Signe extérieur : d'où vient que ceux qui penfent bien, font auffi ceux qui parlent le mieux. Expliquez-moy donc voftre Penfée par la Parole, qui eft le plus intelligible de tous les Signes.

SGANARELLE.

Il repouffe le Docteur dans fa Maifon, & tire la Porte pour l'empefcher de fortir.

Au Diable les Sçauans, qui ne veulent point écouter les Gens. On me l'auoit bien dit, que fon Maiftre Ariftote n'eftoit rien qu'vn Bauard.

COMEDIE.

Il faut que i'aille trouuer l'autre; il est plus posé, & plus raisonnable. Hola.

SCENE V.

MARPHVRIVS, SGANARELLE.

MARPHVRIVS.

Qve voulez-vous de moy, Seigneur Sganarelle?

SGANARELLE.

Seigneur Docteur, i'aurois besoin de vostre Conseil sur vne petite Affaire dont il s'agit; & ie suis venu icy pour cela. Ah! voila qui va bien. Il écoute le monde, celuy-cy.

MARPHVRIVS.

Seigneur Sganarelle, changez, s'il vous plaift, cette façon de parler. Noftre Philofophie ordonne de ne point énoncer de Propofition décifiue ; de parler de tout auec incertitude ; de fufpendre toûjours fon jugement : & par cette raifon vous ne deuez pas dire, ie fuis venu ; mais il me femble que ie fuis venu.

SGANARELLE.
Il me femble !

COMEDIE.

MARPHVRIVS.

Oüy.

SGANARELLE.

Parbleu, il faut bien qu'il me le semble, puis que cela est.

MARPHVRIVS.

Ce n'est pas vne consequence; & il peut vous sembler, sans que la chose soit veritable.

SGANARELLE.

Comment, il n'est pas vray que ie suis venu ?

MARPHVRIVS.

Cela est incertain ; & nous deuons douter de tout.

SGANARELLE.

Quoy ! ie ne suis pas icy ;

& vous ne me parlez pas?

MARPHVRIVS.

Il m'aparoift que vous eftes là, & il me femble que ie vous parle : mais il n'eft pas affuré que cela foit.

SGANARELLE.

Eh! que Diable, vous vous moquez. Me voila, & vous voila bien nettement ; & il n'y a point de me femble à tout cela. Laiffons ces fubtilitez ie vous prie ; & parlons de mon Affaire. Ie viens vous dire que i'ay enuie de me marier.

MARPHVRIVS.
Ie n'en fçay rien.

SGANARELLE.

Ie vous le dy.

MARPHVRIVS.

Il se peut faire.

SGANARELLE.

La Fille, que ie veux prendre, est fort jeune, & fort belle.

MARPHVRIVS.

Il n'est pas impossible.

SGANARELLE.

Feray je bien, ou mal, de l'épouser?

MARPHVRIVS.

L'vn, ou l'autre.

SGANARELLE.

Ah! ah! voicy vne autre Musique. Ie vous demande, si ie feray bien d'épouser la

Fille, dont ie vous parle.

MARPHVRIVS.
Selon la rencontre.

SGANARELLE.
Feray-je mal?

MARPHVRIVS.
Par-auanture.

SGANARELLE.
De grace, répondez-moy, comme il faut.

MARPHVRIVS.
C'est mon dessein.

SGANARELLE.
I'ay vne grande inclination pour la Fille.

MARPHVRIVS.
Cela peut estre.

SGANARELLE.
Le Pere me l'a accordée.

MARPHVRIVS.
Il se pourroit.
SGANARELLE.
Mais en l'épousant, ie crains d'estre Cocu.
MARPHVRIVS.
La chose est faisable.
SGANARELLE.
Qu'en pensez-vous?
MARPHVRIVS.
Il n'y a pas d'impossibilité.
SGANARELLE.
Mais que feriez-vous, si vous estiez en ma place?
MARPHVRIVS.
Ie ne sçay.
SGANARELLE.
Que me conseillez-vous de faire?

MARPHVRIVS.
Ce qui vous plaira.
SGANARELLE.
J'enrage!
MARPHVRIVS.
Ie m'en laue les mains.
SGANARELLE.
Au Diable soit le vieux resveur.
MARPHVRIVS.
Il en sera ce qui pourra.
SGANARELLE.
La peste du Bourreau. Ie te feray changer de notte, chien de Philosophe enragé.
MARPHVRIVS.
Ah, ah, ah.
SGANARELLE.
Te voila payé de ton galimathias

mathias ; & me voila content.
MARPHVRIVS.
Comment ? quelle insolence ! m'outrager de la sorte ! auoir eu l'audace de battre vn Philosophe comme moy !
SGANARELLE.
Corrigez, s'il vous plaist, cette maniere de parler. Il faut douter de toutes choses; & vous ne deuez pas dire que ie vous ay battu ; mais qu'il vous semble que ie vous ay battu.
MARPHVRIVS.
Ah ! ie m'en vais faire ma plainte, au Commissaire du Quartier, des coups que i'ay receus.

F

SGANARELLE.

Ie m'en laue les mains.

MARPHVRIVS.

I'en ay les marques fur ma Perſonne.

SGANARELLE.

Il ſe peut faire.

MARPHVRIVS.

C'eſt toy, qui m'as traité ainſy.

SGANARELLE.

Il n'y a pas d'impoſſibilité.

MARPHVRIVS.

I'auray vn Decret côtre toy.

SGANARELLE.

Ie n'en ſçay rien.

MARPHVRIVS.

Et tu ſeras condamné en Iuſtice.

COMEDIE.
SGANARELLE.
Il en sera ce qui pourra.
MARPHVRIVS.
Laisse-moy faire.
SGANARELLE.
Comment, on ne sçauroit tirer vne Parole positiue de ce chien d'Homme là! & l'on est aussi sçauant à la fin, qu'au commencement! Que dois-je faire dans l'incertitude des suites de mon Mariage? Iamais Homme ne fut plus embarrassé que ie suis. Ah! voicy des Egyptiennes. Il faut que ie me fasse dire par elles ma bonne Auanture.

SCENE VI.
DEVX EGYPTIENNES, SGANARELLE.

LES EGYPTIENNES, *auec leurs Tambours de Basque, entrent en chantant, & dansant.*

Elles sont gaillardes. Ecoutez, vous autres, y a-t-il moyen de me dire ma bonne fortune?

1. EGYPTIENNE.

Oüy, mon bon Monsieur, nous voicy deux qui te la diront.

2. EGYPTIENNE.

Tu n'as seulement qu'à

nous donner ta main, auec
la Croix dedans; & nous te
dirons quelque chose pour
ton bon profit.
SGANARELLE.
Tenez, les voila toutes
deux, auec ce que vous demandez.
1. EGYPTIENNE.
Tu as vne bonne physionomie, mon bon Monsieur,
vne bonne physionomie.
2. EGYPTIENNE.
Oüy, bonne physionomie.
Physionomie d'vn Homme
qui sera vn jour quelque
chose.
1. EGYPTIENNE.
Tu seras marié auant qu'il

soit peu, mon bon Monsieur; tu seras marié auant qu'il soit peu.

2. EGYPTIENNE.

Tu épouseras vne Femme gentille; vne Femme gentille.

1. EGYPTIENNE.

Oüy, vne Femme qui sera chérie, & aimée de tout le Monde.

2. EGYPTIENNE.

Vne Femme qui te fera beaucoup d'Amis, mon bon Monsieur; qui te fera beaucoup d'Amis.

1. EGYPTIENNE.

Vne Femme qui fera venir l'abondance chez toy.

2. EGYPTIENNE.

Vne Femme qui te donnera vne grande réputation.

1. EGYPTIENNE.

Tu seras consideré par elle, mon bon Monsieur; tu seras consideré par elle.

SGANARELLE.

Voila qui est bien : mais, dites-moy vn peu, suis-je menacé d'estre Cocu?

2. EGYPTIENNE.

Cocu!

SGANARELLE.

Oüy.

1. EGYPTIENNE.

Cocu?

LE MARIAGE FORCE',
SGANARELLE.

Oüy, si ie suis menacé d'estre Cocu?

Toutes deux chantent, & dansent.

La, la, la, la....

SGANARELLE.

Que Diable, ce n'est pas là me répondre. Venez-çà. Ie vous demande à toutes deux, si ie seray Cocu?

2. EGYPTIENNE.

Cocu, vous?

SGANARELLE.

Oüy, si ie seray Cocu?

1. EGYPTIENNE.

Vous, Cocu?

SGANARELLE.

Oüy, si ie le seray, ou non?

COMEDIE.

Toutes deux chantent, & dansent.

La, la, la, la....

SGANARELLE.

Peste soit des Carognes, qui me laissent dans l'inquiétude ! Il faut absolument que ie sçache la destinée de mon Mariage : & pour cela, ie veux aller trouuer ce grand Magicien, dont tout le Monde parle tant, & qui par son art admirable fait voir tout ce que l'on souhaite. Ma foy, ie croy que ie n'ay que faire d'aller au Magicien, & voicy qui me montre tout ce que ie puis demander.

SCENE VII.
DORIMENE, LYCASTE, SGANARELLE.

LYCASTE.

Qvoy, belle Dorimene, c'est sans raillerie que vous parlez?

DORIMENE.

Sans raillerie.

LYCASTE.

Vous vous mariez tout de bon? DORIMENE.

Tout de bon.

LYCASTE.

Et vos Nopces se feront dés ce soir?

COMEDIE.

DORIMENE.
Dés ce soir.

LYCASTE.
Et vous pouuez, Cruelle que vous estes, oublier de la sorte l'amour que i'ay pour vous; & les obligeantes paroles que vous m'auiez données?

DORIMENE.
Moy, point du tout. Ie vous considere toûjours de mesme; & ce Mariage ne doit point vous inquiéter. C'est vn Homme que ie n'épouse point par amour; & sa seule richesse me fait résoudre à l'accepter. Ie n'ay point de bien. Vous n'en auez point

aussi ; & vous sçauez que sans cela on passe mal le temps au Monde ; & qu'à quelque prix que ce soit, il faut tâcher d'en auoir. I'ay embrassé cette occasion-cy de me mettre à mon aise ; & ie l'ay fait sur l'esperance de me voir bien-tost déliurée du Barbon, que ie prens. C'est vn Homme, qui mourra auant qu'il soit peu ; & qui n'a tout au plus que six mois dans le ventre. Ie vous le garantis défunt dans le temps que ie dis ; & ie n'auray pas longuement à demander pour moy au Ciel, l'heureux état de Veuue. Ah ! nous parlions de vous, & nous en

COMEDIE.

en disions tout le bien qu'on en sçauroit dire.

LYCASTE.
Est-ce là Monsieur....

DORIMENE.
Oüy, c'est Monsieur, qui me prend pour Femme.

LYCASTE.
Agréez, Monsieur, que ie vous félicite de vostre Mariage, & vous presente en mesme temps mes tres-humbles seruices. Ie vous assure que vous épousez là vne tres-honneste Personne. Et vous, Mademoiselle, ie me réjoüis auec vous aussi de l'heureux choix que vous auez fait. Vous ne pouuiez pas mieux

G

trouuer; & Monsieur a toute la mine d'estre vn fort bon Mary. Oüy, Monsieur, ie veux faire amitié auec vous; & lier ensemble vn petit commerce de visites & de diuertissemens.

DORIMENE.

C'est trop d'honneur que vous nous faites à tous deux. Mais allons, le temps me presse; & nous aurons tout le loisir de nous entretenir ensemble.

SGANARELLE.

Me voila tout à fait dégoûté de mon Mariage; & ie croy que ie ne feray pas mal de m'aller dégager de ma Pa-

COMEDIE.

role. Il m'en a coûté quelque argent: mais il vaut mieux encor perdre cela, que de m'expofer à quelque chofe de pis. Tâchons adroitement de nous débarraffer de cette Affaire. Hola.

SCENE VIII.
ALCANTOR, SGANARELLE.

ALCANTOR.

AH! mon Gendre, foyez le bien venu!

SGANARELLE.

Monfieur, voftre Seruiteur.

ALCANTOR.

Vous venez pour conclure le Mariage?

SGANARELLE.

Excusez-moy.

ALCANTOR.

Ie vous promets que i'en ay autant d'impatience que vous.

SGANARELLE.

Ie viens icy pour autre sujet.

ALCANTOR.

I'ay donné ordre à toutes les choses necessaires pour cette Feste.

SGANARELLE.

Il n'est pas question de cela.

COMEDIE.

ALCANTOR.

Les Violons sont retenus; le Festin est commandé; & ma Fille est parée, pour vous receuoir.

SGANARELLE.

Ce n'est pas ce qui m'ameine.

ALCANTOR.

Enfin vous allez estre satisfait; & rien ne peut retarder vostre contentement.

SGANARELLE.

Mon Dieu, c'est autre chose.

ALCANTOR.

Allons, entrez donc, mon Gendre.

G iij

SGANARELLE.

I'ay vn petit mot à vous dire.

ALCANTOR.

Ah! mon Dieu, ne faisons point de cerémonie : entrez viste, s'il vous plaist.

SGANARELLE.

Non, vous dis-je. Ie vous veux parler auparauant.

ALCANTOR.

Vous voulez me dire quelque chose?

SGANARELLE.

Oüy.

ALCANTOR.

Et quoy?

SGANARELLE.

Seigneur Alcantor, i'ay

demandé vostre Fille en mariage, il est vray; & vous me l'auez accordée : mais ie me trouue vn peu auancé en âge pour elle; & ie considere, que ie ne suis point du tout son fait.

ALCANTOR.

Pardonnez-moy. Ma Fille vous trouue bien, comme vous estes; & ie suis seur qu'elle viura fort contente auec vous.

SGANARELLE.

Point; i'ay par fois des bizarreries épouuantables; & elle auroit trop à souffrir de ma mauuaise humeur.

ALCANTOR.

Ma Fille a de la complaisance; & vous verrez qu'elle s'accommodera entierement à vous.

SGANARELLE.

I'ay quelques infirmitez sur mon Corps, qui pourroient la dégoûter.

ALCANTOR.

Cela n'est rien. Vne honneste Femme ne se dégoûte iamais de son Mary.

SGANARELLE.

Enfin, voulez-vous que ie vous dise, ie ne vous conseille pas de me la donner.

ALCANTOR.

Vous moquez-vous? I'ai-

COMEDIE.

merois mieux mourir, que d'auoir manqué à ma Parole.

SGANARELLE.

Mon Dieu, ie vous en difpenfe, & ie....

ALCANTOR.

Point du tout. Ie vous l'ay promife; & vous l'aurez en dépit de tous ceux qui y prétendent.

SGANARELLE.

Que Diable !

ALCANTOR.

Voyez-vous, i'ay vne eftime, & vne amitié pour vous, toute particuliere ; & ie refuferois ma Fille à vn Prince, pour vous la donner.

LE MARIAGE FORCE',
SGANARELLE.

Seigneur Alcantor, ie vous suis obligé de l'honneur que vous me faites; mais ie vous declare que ie ne me veux point marier.

ALCANTOR.
Qui, vous?

SGANARELLE.
Oüy, moy.

ALCANTOR.
Et la raison?

SGANARELLE.
La raison; c'est que ie ne me sens point propre pour le Mariage; & que ie veux imiter mon Pere, & tous ceux de ma Race, qui ne se ont iamais voulu marier.

ALCANTOR.

Ecoutez, les volontez sont libres; & ie suis Homme à ne contraindre iamais Personne. Vous vous estes engagé auec moy, pour épouser ma Fille; & tout est preparé pour cela. Mais puis que vous voulez retirer vostre Parole, ie vais voir ce qu'il y a à faire; & vous aurez bientost de mes nouuelles.

SGANARELLE.

Encor est-il plus raisonnable que ie ne pensois; & ie croyois auoir bien plus de peine à m'en dégager. Ma foy, quand i'y songe, i'ay fait fort sagement, de me tirer de

84 LE MARIAGE FORCE',
cette Affaire; & i'allois faire
vn pas, dont ie me ferois peut-
eftre long-temps repenty.
Mais voicy le Fils qui me
vient rendre réponfe.

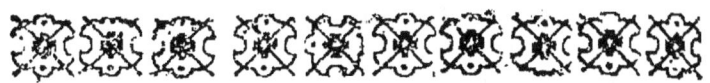

SCENE IX.
ALCIDAS, SGANARELLE.

ALCIDAS *parlant toûjours d'vn ton doucereux.*

MOnfieur, ie fuis vô-tre Seruiteur tres-humble.

SGANARELLE.
Monfieur, ie fuis le vôtre de tout mon cœur.

COMEDIE.
ALCIDAS.
Mon Pere m'a dit, Monsieur, que vous vous estiez venu dégager de la Parole que vous auiez donnée.

SGANARELLE.
Oüy, Monsieur, c'est auec regret: mais....

ALCIDAS.
Oh! Monsieur, il n'y a pas de mal à cela.

SGANARELLE.
I'en suis fâché, ie vous assure, & ie souhaiterois....

ALCIDAS,
Cela n'est rien, vous dis-je.
Luy presentant deux Epées.
Monsieur, prenez la peine de choisir de ces deux Epées, laquelle vous voulez.

SGANARELLE.
De ces deux Epées?

H

ALCIDAS.

Oüy, s'il vous plaiſt.

SGANARELLE.

A quoy bon?

ALCIDAS.

Monſieur, comme vous refuſez d'épouſer ma Sœur, apres la Parole donnée; ie croy que vous ne trouuerez pas mauuais le petit Compliment, que ie viens vous faire.

SGANARELLE.

Comment?

ALCIDAS.

D'autres Gens feroient du bruit, & s'emporteroient contre vous: mais nous ſommes Perſonnes à traiter les choſes dans la douceur; & ie viens vous dire ciuilement, qu'il faut, ſi vous le trouuez bon, que nous nous coupions la gorge enſemble.

SGANARELLE.

Voila vn Compliment fort mal tourné.

ALCIDAS.

Allons, Monsieur, choisissez, ie vous prie.

SGANARELLE.

Ie suis vostre Valet : ie n'ay point de gorge à me couper. La vilaine façon de parler que voila !

ALCIDAS.

Monsieur, il faut que cela soit, s'il vous plaist.

SGANARELLE.

Eh ! Monsieur, rengaînez ce Compliment, ie vous prie.

ALCIDAS.

Dépeschons viste, Monsieur. I'ay vne petite Affaire, qui m'attend.

SGANARELLE.

Ie ne veux point de cela, vous dy je.

ALCIDAS.
Vous ne voulez pas vous battre?
SGANARELLE.
Nenny, ma foy.
ALCIDAS.
Tout de bon?
SGANARELLE.
Tout de bon.
ALCIDAS.
Au moins, Monsieur, vous n'auez pas lieu de vous plaindre; & vous voyez que ie fais les choses dans l'ordre. Vous nous manquez de Parole: Ie me veux battre contre vous, vous refusez de vous battre: ie vous donne des coups de Baston, tout cela est dans les formes; & vous estes trop honneste Homme, pour ne pas approuuer mon procedé.
SGANARELLE.
Quel Diable d'Homme est-cecy!

COMEDIE.

ALCIDAS.

Allons, Monsieur, faires les choses galamment, & sans vous faire tirer l'oreille.

SGANARELLE.

Encor!

ALCIDAS.

Monsieur, ie ne contrains Personne; mais il faut que vous vous battiez, ou que vous épousiez ma Sœur.

SGANARELLE.

Monsieur, ie ne puis faire ny l'vn, ny l'autre, ie vous assure.

ALCIDAS.

Assurément?

SGANARELLE.

Assurément.

ALCIDAS.

Auec vostre permission donc...

SGANARELLE.

Ah, ah, ah, ah.

ALCIDAS.

Monsieur, i'ay tous les regrets du monde d'estre obligé d'en vser ainsi auec vous ; mais ie ne cesseray point, s'il vous plaist, que vous n'ayez promis de vous battre, ou d'épouser ma Sœur.

SGANARELLE.

Hé bien, i'épouseray, i'épouseray....

ALCIDAS.

Ah ! Monsieur, ie suis rauy que vous vous mettiez à la raison ; & que les choses se passent doucement : car enfin vous estes l'Homme du Monde, que i'estime le plus, ie vous jure ; & i'aurois esté au desespoir, que vous m'eussiez contraint à vous mal traiter. Ie vais appeller mon Pere, pour luy dire que tout est d'accord.

SCENE X.

ALCANTOR, ALCIDAS, SGANARELLE.

ALCIDAS.

Mon Pere, voila Monsieur, qui est tout à fait raisonnable. Il a voulu faire les choses de bonne grace; & vous pouuez luy donner ma Sœur.

ALCANTOR.

Monsieur, voila sa main : vous n'auez qu'à donner la vostre. Loüé soit le Ciel ; m'en voila déchargé ; & c'est vous desormais que regarde le soin de sa conduite. Allons nous réjoüir, & celebrer cet heureux Mariage.

FIN.

www.ingramcontent.com/pod-product-compliance
Lightning Source LLC
Chambersburg PA
CBHW070824170426
43200CB00007B/898